인생의 정석

인생의 정석

1판 1쇄 발행일 2021년 12월 15일

글 쓴 이   전대성
펴 낸 이   김완중
펴 낸 곳   내일을여는책
편집총괄   이헌건
디 자 인   윤현정
관   리   장수댁

인   쇄   아주프린텍
제   책   바다제책

출판등록   1993년 1월 6일(등록번호 제475-9301)
주   소   전라북도 장수군 장수읍 송학로 93-9(19호)
전   화   063)353-2289
팩   스   063)353-2290
전자우편   wan-doll@hanmail.net
블 로 그   blog.naver.com/dddoll

ISBN 978-89-7746-975-4(03100)
ⓒ 전대성 2021

21세기 신인류를 위한 인생학교 교과서
온전한 인생을 위한 깨달음·닦음·행복한 인생

인생의 정석

글 **전대성**

내일을여는책

목 차

21세기 신인류를 위하여

21세기 사람들은 엄청나게 많은 정보를 뇌에 저장하고 산다. 이들이 지식인일 수는 있지만 지성인은 아니다. 〈인생의 정석〉은 자아정체관, 세계관, 인생관을 사실(진리)과 다르지 않게, 제대로 세우며 살아가는 공부를 안내하는 책이다. 객관적이고 보편적인 자아정체관과 세계관을 정립한 사람을 깨달은 사람이라고 할 수 있다.

객관적이고 보편적인 사실은 동서고금을 통해 다르지 않고 누구나 공유할 수 있다. 이 책은 '인생학교'에 오신 모든 사람이 '5분의 깨달음'을 통해 세상을 사실대로 볼 수 있는 지혜의 눈을 뜰 수 있도록 불을 밝히고자 한다.

과거에는 출가해서 산속에 들어가 10년, 20년 장좌불와를 하며 깨달음을 구하였지만, 21세기는 누구나 쉽게 깨달음을 성취하며 영적으로 사는 시대가 될 것이다. 4차 산업혁명은 초연결·초융합을 도모하며 스마트한 공동체 즉 영성사회를 향해 나아가고 있다. 이제는 영성지능이 높은 사회가 선진사회로 인정받게 될 것이다.

청소년들은 부모의 양육을 받는 유소년기를 거쳐 주체의식인 제2의 자아정체성에 눈뜨면서 홀로 당혹스러워한다. 자아정체관은 세계관, 인생관과 연결되어 있다.

'나는 어떤 세상에서 어떤 존재로 어떻게 살아야 하는 인생인가?'

주변의 안내도 없이 홀로 세계관과 인생관을 정립하려니 답답하다. 서투른 주체성을 아무렇게나 내질러 보기도 한다. 이를 사춘기니 중2병 이니 하며 당혹스러워한다. 어느 하버드 법대생은 "너는 누구냐?"라는 물음에 답할 수 없었던 자신에게 충격을 받고 당장 학교를 그만둔 다음 '나는 누구인가'를 알아내는 일에 매진했다고 한다.

〈인생의 정석〉은 한 번밖에 없는 소중한 인생을 지혜롭게, 자유롭게 온전한 지성인으로 살기 위해 고민하는 사람들을 위한 공부교재다. 인생에 대한 단편적인 아이디어가 아니라 보편적이고 근본적인 인생의 깨달음에 다다르는 통찰과 자기 성찰에 대한 담론이다. 내가 누구인지도 모른 채 아무렇게나 대충 살아도 괜찮다고 여기는 사람에게는 도움이 되지 않을 것이다.

'지성인 되기' '수양인 되기' '낙원족 되기' 세 개의 주제로 편성된 이 책은 지구촌 모든 인생의 지침서이자 기본 교과서가 될 수 있도록 생명체의 보편성과 개별성을 객관적인 자세로 기술하였다.

'따로 또 함께'란 짧고 쉬운 우리말이지만 평생 곱씹어야 할 개인주의와 공동체주의에 관한 거대 담론이기도 하다. '앎과 함'도 지혜와 사유, 인식과 판단, 생명의식, 정신, 마음, 영혼 등과 연결되고 우주자연의 정보와 에너지의 소중한 짝이 되는 언표이다. '스스로'란 말은 '절대자'란 말과 연결된다. 이 책에는 이러한 함축된 언어들이 많이 담겨 있다.

　간결하면서도 인생에 전체적으로 접근할 수 있는 쉬운 안내서가 되도록 구성했다. 그러나 인생 전체를 깊게 이해한다는 것은 결코 쉬운 일이 아니다. 한 번 읽었을 때는 현실과 거리가 먼 원론적인 내용으로만 느껴질 수도 있다. 또한 지성이 열린 만큼만 이해할 수 있을 것이다. 하지만 두 번 읽으면 두 번만큼, 열 번 읽으면 열 번만큼 깊고 넓게 나와 세상과 인생을 이해하고 인정하며 조화롭게 살 수 있는 길이 보이게 될 것이다.

　인생이 혼란스럽고 괴롭다고 느껴질 때마다 이 책을 펼쳐 보면 근본적인 원인을 알 수 있고 그 해결의 열쇠도 찾을 수 있을 것이다.

　나는 누구인가?
　나는 살아있는 하나의 생명체다. '살아있음'으로부터 나는 시작되고 '살아있지 않음'으로써 나는 끝이 난다. 본래 '생명'이란 없다. 자연에 가득한 생명의 에너지와 생명현상이 있을 뿐 고정된 '생명체'는 없다. 흘러가는 시간 속에서 '생활하는 생명체'가 사실적인 현상이다. 모든 생명체는 자연이라는 공통의 환경 속에서 생활하고 있다. 생명체들은 자연의 생명의식으로 자연의 정보를 알 수 있고 자연의 에너지로 무엇이든 할 수 있는 존재다. 모든 생명체는 자연에 의해 생겨났고 자연 속에서 살아가는 자연현상이다.

이런 사실을 불교는 무아無我라고 하고 힌두교는 범아일여梵我一如라고 한다.

그런데 생명체들은 왜 서로 경쟁하고 미워하고 스트레스를 주고받으며 불안하게 살아갈까? 원인은 너와 내가 분리되고 독립된, '너와 나는 남이다'라는 어리석은 오해 때문이다. 너와 내가 분리될 수 없는 한 생명임을 아는 것이 바로 깨달음이다.

깨달은 사람을 지성인이라고 한다. 지성인은 나와 너를 경쟁관계로 여기지 않고 함께 살아갈 동포(형제자매)임을 아는 사람이다.

주주자본주의 사회는 어린 학생 때부터 끊임없는 경쟁 속에서 성장하게 한다. 경쟁관계는 서로 비교하며 스트레스를 주고받는 관계다. 동무관계는 신뢰와 사랑의 정서를 바탕으로 저항하지 않는 관계다. 저항하지 않음으로써 자유롭고 스트레스가 없다. 교육현장에서 아이들을 경쟁관계로 맺어주느냐 동무관계로 맺어주느냐에 따라 개인과 공동체의 행복과 불행 지수는 크게 달라질 수밖에 없다.

동서고금의 철학자와 사상가들이 탐구하고 깨닫고 담론한 바가 모두 자아정체관과 세계관, 인생관에 관한 것이다. 모든 종교에서 가르치는 바 또한 그러하다. 지식은 인생의 도구이고 지성은 그 도구를 활용하는 주체다. 우리나라가 서양 문명에 의해 강제로 개방되기 전, 서당과 향교, 성균관 등에서는 나와 세상의 이치를 알고 어떻게 평화롭게 살 수 있는지 지성인 되기 공부를 주로 했다. 하지만 지금 학교에서는 지성인 공부는 하지 않고 거의 지식인 되기 공부만 하고 있다. 그 결과 전문지식인은 되었으되 자기중심적인 개인주의자(이기주의자)가 되고 말았다.

이기주의자들끼리 모인 사회는 서로 경쟁하고 부딪히며 스트레스가 가득하다. 지금 우리 교육이 안고 있는 인성교육의 과제를 온전하게 해결하는 길은 깨달음과 닦음을 통한 지성인 되기 공부가 정석이다.

바둑에서 정석은 다른 어떤 수보다 바람직한 최고의 한 수를 일컫는 말이다. 〈인생의 정석〉은 인생을 잘 살아낼 수 있는 가장 바람직한 인생의 길을 안내하고자 기획되었다. 과거 성인들의 가르침이나 흘러간 시절의 인생관을 다시 상기시키려 함이 아니다. 혁신적인 문명과 문화의 물결 속에 서 있는 '21세기 지구촌 신인류'의 인생 좌표를 GPS처럼 바라보며 스마트한 지성인의 인생계획을 위해 등댓불을 밝혀보고자 한다.

〈인생의 정석〉은 인생 인문학의 골격이다. 이 골격에 살을 붙여 나간다면 더 풍성하게 인생 인문학을 공부할 수 있을 것이다.

신인류는 우주인이다. 구인류는 지구인이었다.
하늘은 온라인이고 땅은 오프라인이다.
하늘에는 같음(보편성)으로 가득, 땅에는 다름(개별성)으로 가득.
각자 다른 땅 위에 서서 같은 하늘을 보며 살고 있다.

20세기 정신의 내표적인 특성을 '과학적 자연주의'라고 말하기도 한다. 신본주의나 인본주의 또는 과거의 자연주의가 아닌 과학적 자연주의다. 과학적 자연주의는 불과 1세기 만에 압축적으로 지구촌 전체를 물들이며 개벽이라고 할 만큼 물질문명을 변화시켰다.

21세기 초에 시작된 4차 산업혁명은 초연결·초융합을 지향하며 스마트한 도시와 국가로 문명을 변신시키고 있다. 무한한 가상세계(온라인)와 현실세계(오프라인)가 연결되고 융합되는 총체적인 사회를 '영성사회'라고 할 수 있다. 영성공동체를 건설하고 그 문명을 누리며 인생을 잘 살아내기 위해서는 어떤 인생계획을 세워야 할까?

뇌의식만으로는 21세기 4차 산업혁명의 초연결·초융합 문명을 이해하고 참여하고 누리기에도 버거울 것이다. 21세기 신인류는 협소한 몸나(뇌) 의식을 우주의식인 영성지능으로 확장하고 혁신해야 한다.

21세기는 4차·5차 산업혁명을 잘 해내기 위한 '통찰적 자연주의' 시대다. 과학은 주로 관찰을 통해 자세히 살피고 통찰은 멀리서 전체적·근본적으로 보는 태도다. 20세기는 전문지식인 되기 공부가 대세였지만 21세기는 지성인 되기 공부가 꼭 필요하다.

이 책은 통찰적인 지성인 되기 공부를 안내하는 인생철학서다. 정치하고 장황한 철학적인 논리가 아니라 대중적이고 개괄적인 인생철학을 공부한다.

'현대 서양철학'은 20세기의 과학에 발이 걸려 나아갈 길을 잃고 있다. 〈인생의 정석〉은 우주자연 전체를 관통하는 '생명철학'을 통해 자아정체관, 세계관, 인생관이 잘 보이도록 안내하고자 한다. 생명철학은 과학적으로도 이해할 수 있다.

4차 산업혁명에 이어 5차 산업혁명의 기운이 이미 조성되고 있다. 5차 산업혁명은 인간의 뇌의식을 우주의식으로 확장하면서 영적인 정신문화 혁신을 일으키게 될 것이다. 영성사회는 20세기의 자기중심적인 개인주의와 대비되는 초개인사회라고 할 수 있다. 영성사회에서의 개인은 각자 개별성을 가진 공동체적 개인으로 정체성이 정립될 것이다.

협소한 뇌의식을 우주의식으로 확장하는 호연지기를 기르는 공부를 안내하고 있다. 객관적이고 보편적이고 전체적인 우주의식이 바로 영성지능이다.

과학적 자연주의 문명 속에서 탈종교 현상이 심화되면서 2000년, 2500년 동안 인류의 마음을 채웠던 종교적인 정신문화를 대신하는 수요가 발생하게 되었다. 그 수요를 채워줄 새로운 정신문화 산업이 이미 시작되고 있다. 미국 인구의 18퍼센트인 6,000만 명이 명상을 하고 있고 1,000개 이상의 종합병원에서 의료보험이 적용되는 처방전을 발급하며 명상을 여러 질환의 치료에 활용하고 있다. 이런 현상은 유럽에서도 마찬가지다.

뇌과학자들과 정신의학자들은 명상이 교감신경을 안정시키고 부교감신경을 활성화시키는 한편 각종 스트레스에 효과가 있음을 과학적 실험을 통해 입증하고 있다. 1,000편이 넘는 연구논문이 발표되고, 명상을 정식 교과로 채택하는 학교가 늘고 있다. 세계적인 대기업들도 회사 차원에서 명상 서비스를 제공하고 있다. 서양에서 명상은 이제 의학이자 과학이 되고 있다.

〈인생의 정석〉은 '성찰하며 살기' 공부를 통해 '명상은 무엇인가. 명상을 어떻게 하는가. 명상을 인생에 어떻게 활용할 수 있는가'에 대해 소상하게 안내한다.

21세기 초입, 세계보건기구 WHO는 '건강'의 정의를 새롭게 규정했다. 몸과 마음과 사회적인 건강에 '영성'을 추가한 것이다. 즉, 영성이 활성화되지 못하고 온갖 스트레스에 고통받는 사람은 건강한 사람이 아니다.

영혼靈魂의 영靈은 정신의 전체성이요 보편성이고, 혼魂은 개별성이다. 영과 혼은 분리될 수 없다. 그러나 깨닫지 못한 사람들은 영과 분리된 혼을 나라고 생각하며 산다. 인생의 비극은 여기서 시작된다. 따라서 구원의 열쇠도 여기에서 찾을 수 있다.

어떻게 영성지능을 높일 수 있을까?

동서고금의 지성인들은 영성지능을 높이기 위해 명상과 기도를 해왔다. 이 책은 과거의 복잡하고 어려운 명상 대신 쉽고 간편하면서도 더 스마트한 명상을 할 수 있게 안내한다. 수양은 자신을 먼저 성찰하는 동양의 전통적인 정신문화다. 우리는 영과 혼, 선과 악, 양심과 이기심, 개인주의와 공동체주의, 사랑과 미움 등 피할 수 없는 두 개의 이율배반적인 본성을 가지고 살아간다. 이 때문에 평생 자기 성찰을 하며 살아야 평화롭고 자유롭게 살 수 있다. 수양인 되기 공부는 성찰하며 사는 힘을 기르는 공부다.

인생의 목적은 '이고득락離苦得樂', 즉 괴로움을 버리고 행복을 구하는 것이다. 하지만 우리는 가정과 사회와 학교에서 경쟁관계를 강요받으며 동무 관계에서 멀어졌고, 행복에 대해서는 제대로 공부할 기회가 없었다. '낙원족 되기' 공부를 통해 행복한 인생의 길 위에서 살아갈 수 있는 힘을 길러주고자 한다.

현대의 지구촌은 과학적 자연주의와 자본주의 문화 속에서 윤리도덕이 빛을 잃었다. 이기주의자들이 서로 경쟁하는 공동체는 결코 행복할 수 없다. 미국과 달리 유럽 국가들은 '경쟁'을 행복한 공동체 사회를 좀먹는 야만적인 의식으로 보고 교육과 사회정책을 통해 경쟁의 싹을 자르기 위해 노력하고 있다. 경쟁의식은 주로 생존본능이 추동한다. 그러나 우리에게는 함께 잘 살고자 하는 영성본능도 있다. 〈인생의 정석〉과 함께 경쟁관계를 동무관계로 전환하는 바람직한 공동체적 인성을 공부하게 될 것이다. 〈인생의 정석〉은 '나 홀로 행복주의자'들이 '다 함께 행복주의자가 되는 공부를 통해 지상낙원을 건설하고 영성공동체로 나아갈 길을 제시한다.

〈인생의 정석〉 2부는 인생학교 구축이다.

기존의 지식인학교에 인생학교를 구축하기 위한 계획과 수업 내용까지 개괄적으로 안내하고 있다. 초창기에 바람직한 인생수업을 위해 온-오프라인에 '인생학교 지원센터'를 설치하고 빈틈없이 지원하겠다는 격려도 하고 있다.

21세기에는 영적으로 느긋하고 너그러운 시민들이 웰빙과 힐링을 하며 다 함께 행복한 지상낙원을 건설해낼 것이다. '인생학교'는 그 건설의 기초공사라 할 수 있다.

'지성인 되기. 수양인 되기. 낙원족 되기'가 21세기 지구촌에서 우리 교육의 선구적인 브랜드가 될 수 있도록 당차게 한번 나서보자.

담임교사가 인생 멘토가 되어야 한다. 인성적 패륜이 극심한 이 시대에 양심회복을 위해 나설 수 있는 집단은 교사 특히 그중에도 담임교사들뿐이다. 선구적인 인생학교의 성공을 위해 교육자적 열정을 헌납해야 한다. 다 함께 행복한 낙원 세상을 위해 또한 영적으로 충만한 자신의 인생을 위해 스승으로서의 이름값에 당해내는 헌납 말이다.

북유럽 국가들은 일관성 있고 신뢰할 수 있는 인생멘토가 될 수 있도록 담임을 최장 10년까지도 연임한다고 한다. 그러고도 모자라 인생학교를 따로 만들어 1년씩 공부하게 한다. 지금 북유럽 국가들은 글로벌 행복 지수 통계에서 1~2위의 최상위권을 차지하고 있다. 교육경쟁력도 최상 위권이다.

지구촌의 청소년들이 이 교재를 통해 지성인 되기 인생 공부를 하며 지혜롭고 자유로운 온전한 인생을 살아가게 되기를 기대한다.

제1부

인생의 정석

1

깨달음_ 지성인 되기

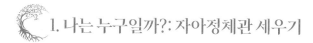

1. 나는 누구일까?: 자아정체관 세우기

세상의 모든 생명체는 자신의 몸을 '나'라고 생각하며 자기중심적으로 살아간다.[1] 하지만 몸은 진정한 '나'가 아니다. 인생은 내가 이 세상에서 살아감이다. 인생의 주체인 나의 정체를 제대로 알아야 인생을 잘 살아낼 수 있을 것이다.

너는 누구냐!

"너는 누구냐?"

"'너!'는 누구냐?"

"정·말·로 너는! 누구냐?"

"나는 김순자입니다."

"그렇다면 네 이름을 김순애로 바꾸면 '너'가 바뀌는가? 이름이 김순자인 너, 이름을 부르기 전에도 있었던 너, 이름을 바꾸어도 변하지 않을 너, 그

---

1) 몸나: 우주자연과 분리된 몸을 나라고 여기는 나.

너는 누구인가?"

"소녀입니다."

"나중에 아줌마가 되면, 그때는 너가 아닌가?"

"한국인입니다."

"어느 나라 사람이냐고 묻지 않았다. 한국인이 모두 너인가?"

"이 몸뚱이가 나입니다."

"왜 나의 몸이라고 하는가. 몸을 그대가 만들었는가? 몸을 그대가 살려주고 있는가? 60조 개의 세포로 된 그대 몸의 생로병사의 비밀을 다 아는가? 응답하라! 정말로 너는 누구냐?"

……

"몸과 마음입니다."

"어떤 마음이 너인가? 그 마음을 말해보라. 너의 몸과 마음은 어디서 어디까지인가?"

"나는 생각입니다. 생각하므로 존재합니다."

"생각하지 않으면 너는 없는가? 잠을 잘 때는 너는 없는가? 너의 몸과 마음은 너 자신이 만들었는가? 너 스스로 살아가고 있는가? 다른 누가 너를 살려주고 있는가? 이름이 김순애이고 소녀이고 부모님의 자식이고 학생이고 한국인이고 몸과 마음 등등 수많은 개별성과 특성을 가진 너, 그 너가 누구인가? 근본적으로 사실적으로 너의 정체는 무엇인가? 나라고 하는 자아의식이 싹트기 전부터 있었던 나, 그 나는 누구인가?"

"무엇을 나라고 해야 할지 도무지 모르겠습니다."

김순애 씨는 몸을 나라고 여기며 살아가는 깨닫지 못한 어리석은 사람이다. 뇌의식으로만 살아가는 지식인이지 지성인은 아니다. 영과 혼으로 온전히 살지 못하고 혼으로만 사는 사람이다.

5분의 깨달음

지금부터 5분 만에 당신이 누구인지 깨닫게 해주겠다. 조용히 편하게 앉으라. 아무것도 안 하기 '얼음 땡!' 하면 5분 동안 아무것도 하지 않는 상태로 있으면 된다. 아무것도 안 하기, '얼음 땡!'

"자, 5분이 지났다. 당신은 정말 아무것도 안 했는가?"

"예, 아무것도 안 했습니다."

"소리가 들리거나 눈에 보이는 것은 없었는가?"

"소리도 들리고 눈에도 보였습니다."

"당신은 아무것도 안 했는데 누가 보고 들었는가?"

……

"숨은 누가 쉬었는가! 오만 가지 생각은 누가 했는가! 당신이 아무것도 안 하고 가만히 있어도 보고, 듣고, 추운 줄도 더운 줄도 아는 생명의식이 있다. 자동으로 숨을 쉬며 심장을 뛰게 하는 60조 개의 세포, 생생하게 살아 있는 생명체가 있다. 나의 모든 것은 생명으로부터 시작되고, 죽음으로서 끝이 난다. 그렇다. 나의 정체는 살아있음, 생명이다."

그 생명은 어디에 있는가?

자연에 있다. 나는 자연에 의해 생겨났고 지금도 자연 속에서 살고 있다. 자연과 나는 분리할 수 없는 한 생명이고 한 몸이다. 생명의식(정신)이 생명체를 중심으로 직접 인식하고 판단하는 주체이므로 '나'라고 한다. 나는 우주자연 전체에서 단 하나뿐인, 직접 알 수 있고 할 수 있는 내 인생의 주인이다.

이제 당신은 깨달았다!

우주자연과 분리된 당신은 존립할 수 없다. 몸은 우주자연과 연결된 한 개 생명체이고 마음은 우주자연의 생명의식인 영혼이다. 몸 안에 영혼이 있는 게 아니라 영혼 안에 몸이 있다. 나는 세상의 무엇이든 알 수 있고 무엇이든 할 수 있는 지혜롭고 자유로운 영혼이다.

나는 생명이다

생명은 생명체와 생명체의식 두 개의 속성으로 나타난다.

생명체의 생명은 어디에 있는가? 생명은 내 몸에 있지 않다. 우주자연의 생명력인 지수화풍地水火風이 빈틈없이 연결되고 융합되어야 비로소 생명체로서 살아가게 된다. 나와 지수화풍의 연결과 융합은 현재진행형이다. 끊임없이 이루어지는 생명력의 융합이 나의 생명체이고 생명의식이다. 의식이 있어야 생명이다. 생명과 의식은 분리될 수 없는 하나이다. 알 수 있음의 생명의식이 나라고 인식함으로써 비로소 '나'이다. 앎(인식)의 직접 당사자인 주체를 1인칭 '나'라고 한다. 내가 인식하는 상대가 2인칭인 '너'이고, '그'를 3인칭이라고 한다.

우주자연의 생명의식이 영혼이다. 영혼은 모든 생명체들의 의식이다. 영혼은 앎과 함, 두 가지 작용으로 세상에 나타난다. 앎은 무엇이든 알 수 있는 지혜요, 함은 무엇이든 할 수 있는 자유다.

알 수 있음을 의식이라 한다. 의식은 눈·귀·코·입·몸의 5감과 제6감인 영감을 통해 자연의 정보를 인식하고, 인식된 정보를 연결 융합해서 생각하고 종합적으로 판단할 수 있다. 우리는 우주자연의 무한한 정보 속에 살면서 무엇을 알고 싶은가, 얼마만큼 알고 싶은가, 무엇을 하고 싶은가, 왜 하고 싶은가, 어떻게 할 것인가 스스로 묻고 선택하며 살아간다. 앎과 함으로 나를 표현하며 세상에 드러낸다.

나는 자기 자신 스스로다. 스스로는 홀로이자 절대자다.

나는 원래 지혜롭고 자유로운 존재다. 지혜로움의 반대는 어리석음이다. 어리석음은 객관적인 현상을 자신의 몸뚱어리를 중심으로 주관적으로 편협하게 인식하고 판단한다. 몸은 무한한 시간과 공간 속에서 지극히 왜소한 점 하나에 불과하다.

전체성과 개별성

우주자연 전체를 전체자라고 하고 삼라만상 하나하나를 개별자라고 한다. 모든 개별자들은 전체와 연결되고 융합되며 전체성과 개별성을 함께 가지고 있다.

인간의 몸은 60조 개의 세포로 이루어져 있다. 하나의 세포에 몸 전체의 정보(DNA)가 들어있다. 하나의 세포로 몸 전체를 복제할 수도 있다. 이러한 전체성과 개별성 두 개의 특성을 모두 확인하는 것이 세상과 나의 정체를 온전히 깨달음이다. 삼라만상의 한 개별체인 '몸나'만을 나라고 여기며 사는 사람은 자신의 절반만을 나라고 여기는 어리석은 사람이다.

깨닫지 못한 어리석은 인생은 '나'를 우주자연으로부터 분리되고 독립된 하나의 단독자인 개별자로만 알고 살아간다.[2] 그러니 '인생은 고해'라며 자유롭지 못하고 행복하지 않다고 한탄하며 살 수밖에 없다. 인생의 모든 스트레스는 스스로 영(전체성·보편성)적인 존재이면서도 혼(개별성)으로만 살아가는 데서 온다.

생명의식이 영혼이다

영혼은 생명이고 생명의식이다. 생명이 없으면 영혼도 없다. 신령스러운 나의 마음이다. 전체와 연결되고 융합되고 있으므로 신령스럽다고 한다. 영혼은 생명체를 통해서 작용한다. 모든 생명체는 영혼의 앎으로써만 인식할 수 있다. 우주자연의 모든 것들은 영혼의 앎과 함으로

---

2) 전체자·개별자: 나와 세상의 정체를 깨닫고 이해하는 핵심 열쇳말. 전체자는 전체성을, 개별자는 개별성을 나타내며 세상의 모든 현상의 근본 성품이 된다.

부터 시작된다. 모든 생명체들의 의식이자 전체의식이다.

영혼은 우주자연의 생명의식이므로 우주자연 속에 무소부재하다. 곧 불교에서 말하는 불성이고 기독교에서 말하는 성령이다. 힌두교의 참나, 플라톤의 이데아다. 그리고 또한 모든 짐승(생명체)의 개별 의식이다.

영혼은 동서고금 모든 종교 사상의 공통된 절대의식이다. 나와 세상의 생명의식을 부르는 이름이 다르다고, 철학이 다르다고, 종교가 다르다고 해서 전쟁과 갈등이 끊이질 않았다. 이제 지구촌 전체를 '영혼'이라는 하나의 동일한 표현(언표)으로 통일하자. 지구촌 신인류들이 보편적인 자아정체관과 세계관을 공유하며 종교적·사상적으로 다르지 않은, 정신적인 세계화, 지구촌 공동체를 이루자.

영혼은 모든 생명체의 개별 자아면서 초자아인 대아다. [3] 영혼은 휴대폰과 컴퓨터들이 연결된 온라인의 바다 인터넷 네트워크와 같다. 가상세계 안에서 각 개인은 하나의 캐릭터로 온라인에 접속하며 존재감을 드러낸다. 세상은 정보와 에너지로 되어 있고 영혼은 정보를 알 수 있는 의식이다. 영혼은 의식(정보)의 바다이다. 의식은 물질이 아니므로 시간과 공간을 초월하며 자유롭다.

---

[3] 초자아: 프로이트의 초자아와 다른 개념이다. 개별적인 자아의식이 없는 무아의 순수 의식을 뜻한다. 전혀 사사롭지 않은 보편적인 의식이므로 대아와 같은 뜻이다.

나는 마음입니다

불교는 '일체유심조'라고 말하며 '마음이 부처다'라고 한다. 마음은 눈에 보이지도 않고 손에 만져지지도 않으므로 확인하기가 어려웠다. 그래서 출가를 하고, 입산수도를 하고, 10년 20년 장좌불와를 했다. 마음과 다르게 생명과 생명현상은 눈에 보이고 손에도 만져진다. 온 세상에 가득하다. 어른과 아이들 누구나 쉽게 확인하고 깨달을 수 있는 근본 진리다.

마음과 생명은 어떻게 다를까?

'일체유심조' 사상은 형이상적인 마음만이 변함없는 실체이고 형이하적인 존재들은 무상하고 실체가 없는 꿈이라고 가르친다. 이 가르침에 따르면 분별하고 집착하며 치열하고 진지하게 살아가면 해탈할 수 없다. 이렇게 2,500년 동안 '무아'와 '해탈'(자유)을 가르쳤지만 세상은 여전히 소아적인 '나'를 중심으로 살아가고 있다.

'생명'은 우주자연의 형이하와 형이상의 전체인 생명체와 생명체의 식(마음)을 다 함께 뜻하는 말이다. 먼저 생명이 있어야 마음이 있기에 생명을 말하지 않고는 마음을 논할 수 없다. 인도의 불교와 힌두교에서 주장하는 무아와 참나 의식을 차리기 위해 하는 출가와 입산수도, 10년 20년 장좌불와 명상은 이제 흘러간 전설이 되고 있다.

컴퓨터와 휴대폰은 전기가 생명이다. 세상의 정보와 에너지와 인간(생명)과 연결되어 있다. 세상과 연결되지 않은 휴대폰은 작동할 수 없다. 사람이든 컴퓨터든 세상의 모든 기기가 다 마찬가지다. 자연과 분리된 것은 아무것도 없다.

나는 우주인이다

우주에서 보면 지구는 점 하나에 불과하다. 인간은 그 점 속에서 살아가는 먼지 한 알도 안 되는 존재다. 이처럼 왜소한 인간이 우주의 진실한 정체를 알려면 어떻게 해야 할까? 과학적 관찰과 함께 철학적·거시적으로 통찰해야 한다. 무엇이든 알 수 있는 우수의식 영혼으로.

나는 지구에서 살고 있다. 지구는 우주의 한가운데에 있다. 온 우주가 동원되어 나의 생명을 살려주고 있다. 내 생명의 어버이인 우주를 모르고서 어찌 나의 정체를 알 수 있겠는가?

내 몸은 수소, 탄소, 산소, 질소 등이 모인 융합체다. 우주자연이 인간이라는 씨알을 가지고 만들어준, 자기조절 능력을 가진 생명체다. 우리는 뇌로 생각을 한다. 생각의 재료는 우주자연 삼라만상의 정보다. 뇌만 있고 아무 정보도 없다면, 정보만 있고 뇌가 없다면 모든 게 '꽝'이다. 뇌와 정보가 함께 있어야 앎이 일어난다.

나는 지구 위에 서 있다. 지구는 우주의 한가운데에 있다.

나는 누구인가? 우주자연과 한 몸이다. 우주자연과 한 생명이다.

나는 또 누구인가? 우주에서 살고 있는 우주인이다.

나는 우주자연의 주인이다

우주자연은 이미 온전하게 완성돼 있다. 그런데 그 생명의식으로 살아가는 인간의 삶은 왜 온전하지 못할까? 온전한 생명의식을 다 사용하지 못하고 극히 일부만 활용하기 때문이다. 몸나의식으로 눈앞의 땅만 쳐다보며 아웅다웅 참새처럼 살기 때문이다. 1분에 1,300단어로 하루에 5만 가지 생각을 하면서 옹졸하게, 어리석게 살기 때문이다.

하늘을 보라. 우주를 보라. 우주공간 안에 가득한 정보와 앎과 함을 그대 인생에 활용하라. 우주자연의 주인이 바로 그대이다. 그대의 생명의식은 우주의 생명의식 영혼이다. 영혼의 의식답게 온전히 담대하게 살아가라.

동서양의 모든 성인과 철학자, 천재 예술가와 발명가들 모두 당신과 똑같은 생명의식으로 살았다. 짐승 같은 사람, 악마 같은 사람도 똑같은 생명의식으로 산다. 다만 살아가는 방식이 다를 뿐. 이제 선택하라. 어떤 삶을 살 것인지.

당신은 언제나 자유롭다. 당신은 원래 지혜롭다.

나는 얼마나 큰 존재인가 또 나는 얼마나 작은 존재인가?

지혜롭게 살기 위해서는 깨달음이 필요하다. 자유롭게 살기 위해서는 닦음이 필요하다. 우주의 나이는 150억 년이고 크기는 1,000억 광년이 넘는다. 1,000억 개의 별이 모인 은하성운이 1조 개가 넘는다. 지구별의 무게는 59억 톤이고 나의 몸무게는 59킬로그램이다. 하지만 나의 의식은 우주자연 전체를 다 품을 수도 있다.

대아는 무아의 절대자이다

나의 시작인 정자와 난자 그리고 엄마 아빠와 나는 어떤 관계인가? 정자와 난자는 누가 어떻게 만들었는가? 어떻게 정자와 난자가 만나 생명체가 되는 것일까?

우주자연의 의식을 '큰나' 즉 대아라고 한다. 에고가 없는 무아의 순수한 앎(의식)이다. '참나'라고도 한다. 나의 정신에서 몸 중심의 의식인 소아적 자아가 멈추면 대아의식이 확인된다. 소아(몸나)는 생명체의식이다. 시간과 공간적으로 국한된 왜소한 몸뚱어리를 중심으로 인식과 판단을 한다. 짐승의 마음, 땅의 마음, 이기적이고 개인주의적인 의식이 몸나이다.

'나'는 대아의 전체 생명의식과 소아의 개별 생명체의식을 함께 가지고 있다. 인생의 고통은 스스로 영적(대아)인 존재이면서 영적으로 살지 못하고 혼(소아)으로만 살면서 느껴지는 것이다.

보편적인 전체의식인 영혼은 상대가 없는 절대이다. 소아적인 '나'라는 의식이 없는 '무아'이다. 무아는 나가 없으므로 너도 없다. 모두가 나이다. 지극히 공정하여 전혀 사사롭지 않다.

영혼은 무아의 I am(God)이다. 대아다. 초자아다.

무아 상태의 또렷한 앎. 살아있는 그 생생한 생명의식을 확인함이 깨

3억 개의 정자 중 하나와 난자가 만나서 '나'가 되었다.
엄마 아빠가 정자와 난자를 만들었을까?
나를 태어나게 하고 길러준 부모는 엄마 아빠일까, 우주자연일까?
하나의 세포 수정체는 어찌어찌 뼈가 되고 살이 되고
60조 개의 세포가 되었을까? 나는 정말로 누구일까?

달음이다. 깨달음이 어려운 이유는 지금까지 '깨달음은 무아 상태의 각성'이라고 가르쳐왔기 때문이다. 무아삼매경의 체험을 '견성'이라고도 한다. 무아 상태에서의 생생한 앎이 우주의식 영혼이다. 한생각 일어나기 전 무아의 순수한 의식 자체가 생명의식이다.

과거에는 참나만을 강조하면서 개별자의 개별성은 무시하고 외면하는 경향이 있었다. 하지만 개별자의 개별성 역시 거짓 나가 아니라 우주자연의 두 개의 성품 중 하나다. 지금 당장 소아적 생각을 멈추면 무아의 우주의식인 영혼이 생생하게 내 안에 살아있음을 알게 된다. 소아적 에고를 초월하여 변함없이 생생하게 살아있는 보편적인 생명의식을 확인함이 깨달음이다.

자기중심적인 에고의 생각들은 생명의식의 바다에서 일어났다 사라지는 파도와 같은 것들이다. 영원하고 무한한 영혼의 바다에 삼라만상의 모든 생명체가 접속하여 각자 자기의 생각(앎과 함)을 그렸다 지웠다 하는 것이다.

그 거룩한 영혼으로 무엇을 알고 싶은지, 무슨 일을 하고 싶은지가 그대의 지혜이고 그대의 자유이다. 구하라! 구하는 만큼 얻어질 것이다. 두드리라! 두드린 만큼 열릴 것이다. 무한하고 영원한 영혼 안에 서 있는 나의 의식으로.

자아 정체를 간결하게 다시 정리하면

1) 나는 생명이다 - 내 생명은 자연에 있다. 나는 자연과 한 몸이다.

2) 나는 대아의 소아이다 - 나는 영원하고 무한한 전체 생명의 한 개 생명체이다.

3) 나는 내 인생의 주인이다 - 나는 직접 인식과 판단을 하는 유일한 주체이다. 천상천하 유아독존이다.

4) 나는 원래 지혜롭고 자유로운 영혼이다 - 자기중심적 개인주의 말고 지혜롭고 자유로운 인생이 최고로 훌륭한 삶이다.

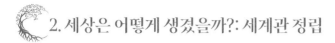

2. 세상은 어떻게 생겼을까?: 세계관 정립

동서고금 세계관의 본질은 다르지 않다

나가 세상에서 살아감, 인생의 두 요소는 '나'와 '세상'이라고 할 수 있다. 자연과 나를 분리된 것으로 보는가 한 몸으로 보는가에 따라 세상을 살아가는 태도가 크게 달라진다. 세상을 어떻게 보는가의 관점을 세계관이라고 한다.

현대 과학자들은 2,500년 전 동양의 세계관을 이제야 과학적으로 이해하고 설명할 수 있게 되었노라고 말한다. 부처와 예수와 모든 성인 철학자들은 같은 생명의식으로 하나의 우주자연을 바라보았다. 이 순간에도 우리 모두 똑같은 그 생명의식으로 우주자연을 보고 있다.

우주자연은 삼라만상이 유기적으로 모인 하나의 유기체(융합체)다. 삼라만상의 하나하나를 개별자라 하고, 각 개별자는 개별성을 가지고 있다. 삼라만상이 유기적으로 이어진 융합체를 전체자라 한다. 전체자는 전체성을 가지고 있다.

삼라만상 하나하나는 서로 유기적으로 이어져서 존재할까 각각 분리

돼서 독립적으로 존재할까라는 의문은 철학자들의 오랜 숙세였다. '전체성'과 '개별성'은 세상과 나의 사실적인 정체를 깨닫는 핵심 열쇳말이다.

인생은 근본적으로 이율배반적인 두 개의 특성인 전체성과 개별성 속에서 갈등하며 살아가야 할 운명 속에 차려져 있다. 단 하나의 길만 있는 획일적이고 변함없는 권태로움 말고 다름들이 만나서 조화롭고 아름다운 하모니를 연출한다. 그리고 다름에 저항하고 부딪히며 스트레스를 받는다.

우주자연 전체자의 특성	삼라만상 일 개별자의 특성
전체자. 전체성. 대아. 우주자연(삼라만상).	개별자. 개별성. 소아.
온전하고 조화로운 완성체. 유기체(융합체).	단편적. 국소적. 왜소함. 개별성. 독립성.
생명. 생명의식. 생명력. 우주의식. 영. 대아. 양심. 공동체의식.	생명체. 생명체의식. 생멸현상. 혼. 소아. 아집(에고). 이기심. 생존본능.
무한한 정보. 에너지. 생명력. 생활환경.	앎(지혜). 함(자유). 생활하는 자.
참나. 상위자아. 불성. 성령. 이데아. 브라만. 성부. 자연(절대자).	변하는 나. 하위자아. 중생. 성자. 자기(자연의 몸).
조화로움. 보편성. 함께 어울림.	다름. 개성. 특성. 갈등. 저항. 부딪힘.
사회주의. 공동체성. 함께.	개인주의. 외로움과 고립감. 존재감
전체 유기체. 쉬지 않고 연결과 융합 중.	원소-분자-물질-홀론 현상.
의식의 바다. 온라인.	생각의 파도. '나'라는 캐릭터. 내 휴대폰. 내 컴퓨터.

다름과 조화롭게 어울리며 살 것인가, 다름에 저항하며 부딪히며 살 것인가? 응답하라! 응답에 따라 행복과 불행의 길이 많이 달라질 것이다.

우주는 밖이 없이 하나뿐이므로 모든 존재는 우주자연 속에 있다. 세상을 음과 양으로 나누어서 보기도 하고, 이理와 기氣로 보기도 하고, 정보와 에너지로 보기도 하지만 자연의 모든 현상은 반드시 자연의 법칙을 따른다. 고로 세상의 모든 현상은 자연스럽고 당연한 것이다.

나와 다른 생각과 행위들도 모두 당연한 것이다. 이해하고 인정할 수밖에 없다. 세상에 이해할 수 없는 일은 없다. 내가 아직 그 이유를 모르고 있을 뿐.

전체자 우주자연의 4대 특성

1) 세상은 조화롭다

삼라만상은 모두 다르다. 개별자들은 모두 고유의 특성과 개성을 가지고 있다. 그 '다름'들이 같은 시간과 공간에 모여서 서로 어울리니 조화롭다고 한다. 조화롭기 위해서는 먼저 달라야 한다. 다툼과 부딪힘도 어울림의 한 양상이다. 세상은 시간과 공간, 큰 것과 작은 것, 높고 낮음, 빛과 그림자, 사랑과 미움, 낮과 밤, 움직임과 멈춤 등 가득한 다름들이 조화를 이루고 있다.

날마다 밥상에 달고 맛있는 꿀만 가득 차려준다면 결국은 꿀을 싫어

하세 될 것이다. 쓴맛, 단맛, 신맛, 매운맛이 골고루 차려진 조화로운 밥
상이 맛도 좋고 건강에도 좋다.

수평선과 수직선, 배색과 보색이 적절히 대비를 나타내야 아름다운
미술품이 된다. 각기 다른 소리들이 모여 더 아름다운 하모니를 이룬
다. 획일적으로 똑같은 것들만 있고 변화가 없는 그림이나 소리, 글, 드
라마를 아름답다고 하지 않는다. 다름으로 가득한 세상이 조화롭고 활
기차다. 과거와 현재와 미래가 똑같이 전개된다면 내일의 새로움에 대
한 희망이나 기대는 없게 될 것이다.

세상이 이미 온전하고 조화롭다고 보는 세계관은 긍정적인 인생관
과 연결된다. 긍정적인 인생관은 행복의 5대 요소 중 하나다.

2) 세상은 이미 온전하다

삼라만상 전체는 모자라지도 넘치지도 않는다. 이 세상에 꼭 있어야
할 것이 없어서 부족한 게 있을까? 또, 필요 없어서 버려야 할 것이 있을
까? 한번 찾아보자. 아무리 찾아봐도 그러함이 없다. 없는 것이 없어 충
분하고 충만하다.

세상에는 선만 있지도 않고 악만 있지도 않다. 선과 악 둘 사이의 범
주는 무한한 층위(스펙트럼)로 가득 채워져 있다. 생명과 죽음, 사랑과
미움, 빛과 그림자, 행복과 불행, 따로 또 함께, 만족과 불만, 밤과 낮, 작
은 것과 큰 것, 시간과 공간, 아름다움과 추함, 쾌락과 고통 등. 서로 서
로는 상대에 의해 선명해진다.

악마는 없고 천사만 가득하다면, 누구나 나쁜 짓은 안 하고 늘 착한 일만 한다면 세상은 아무런 사고도 없고 싸움도 없을 것이다. 하지만 새로움과 변화가 없는 똑같은 일상의 반복은 심심함과 무료함, 따분함, 권태로움은 인생의 큰 고통 중 하나다.

드라마나 영화에 천사들만 가득 나온다면, 아무런 갈등도 없고 절정도 없고 뻔한 결말에 밋밋한 재미없는 작품이 되고 흥행에 실패하게 될 것이다.

천사 옆에 악마가 있어야 천사가 왜 아름다운지 알 수 있고, 지옥이 곁에 있어야 천당이 왜 좋은지 알게 된다. 아무렇게나 살아도 평생 죽지 않는다면 생명이 조금도 소중하지 않을 것이다. 낮과 밤이 없다면 달콤한 휴식도 설레는 신새벽도 없을 것이다. 아름다움과 추함, 사랑과 미움, 전쟁과 평화…. 둘 중에 하나만 가득한 세상은 온전한 세상이 아니다. 죽음이 바로 곁에 있으니 살기 위한 생존욕구가 있는 것이고, 그 동력으로 활기차게 삶을 살아가게 된다.

세상은 더 보탤 것도 뺄 것도 없이 지금 이대로 이미 온전하다. 다만 내가 온갖 욕구불만에 스트레스를 받으며 살아간다. 세상은 이미 온전하다는 세계관을 정립하며 살아간다면 온갖 욕구불만에 대해 많이 너그러워질 것이다.

3) 세상은 초연결 초융합체이다

　나는 누구인가? 생명이다. 나의 생명은 어디에 있을까? 지수화풍, 태양과 물과 공기와 땅 등 우주자연에 있다. 태양이 없다면, 물이 없다면, 공기가 없다면, 땅이 없다면 생명도 없다. 지수화풍이 끊임없이 내게 와서 정치하게 유기적으로 융합되지 않으면 나는 잠시도 살아있을 수 없다. 자연과 분리된 생명체는 실재하지 않는다.

　전체는 단순한 부분의 집합이 아니다. 인간도 산소, 탄소, 수소, 질소, 물, 탄수화물, 지방, 단백질 등이 한 치의 오류도 없이 정치하게 배열되고 융합되어야 비로소 생명이라고 하는 기적적인 창발이 일어난다. 60조 개의 세포 사이를 쉬지 않고 흐르며 산소와 영양을 나르는 혈액과 10만 킬로미터에 이르는 혈관, 외부 침입자를 감시하고 방어하는 면역체계, 세포 속에 내장된 DNA 유전자 정보 등이 모두 조화를 이뤄야 생명체의 생명이 유지된다.

　숲속의 풀도 지수화풍 자연의 생명력으로 자란다. 들소와 사슴 등 초식동물은 풀을 먹고 살고, 사자와 호랑이는 초식동물을 잡아먹고 산다. 사자가 사슴을 잡아먹지 않으면 사슴이 너무 많아져서 풀이 모자라게 되고, 결국 사슴도 살기 힘들게 된다. 약육강식의 생태계 속에서 서로가 서로에게 없어서는 안 되는 역할들을 하며 사이좋게 잘 살고 있다. 조그만 꿀벌만 없어도 열매가 열리지 않고, 파리나 박테리아나 부패균이 없으면 시체를 해체하지 못해 밀림과 들판은 시체로 가득 차게 될 것이다. 식물이 내어주는 산소는 나의 들숨이 되고 내가 뱉는 숨, 이산화

탄소는 식물의 들숨이 된다.

나는 한 가족의 구성원으로서 나와 가정을 위해 직장에 나가 열심히 일한다. 그러나 그 일은 세상을 위한 서비스와 생산이 되며 세상과 연결되어 있다. 소비자들에게 도움이 되지 않는 직장은 직업이 되지 못한다.

이처럼 세상의 모든 생명체는 자신의 생존을 위해 열심히 사는 동시에 전체 생태계 관계에서 서로에게 없어선 안 될 유기적으로 주고받는 관계가 된다.

초연결 초융합은 우주자연의 본질이고 본성이다. 모두가 연결되어 있으므로 서로 서로 살려주고 있는 한 동포다. 우주자연을 어버이로 하는 모든 생명체는 한 형제들이다. 동무다. 세상에 남이란 없다는 세계관은 내가 나를 사랑하듯 세상을 사랑하는 너그러운 마음의 뿌리가 된다. 이를 일러 동체대비同體大悲[4]라고 말하기도 한다.

4) 자연은 지극히 공정하다

자연은 지극히 공의롭다. 전혀 사사롭지 않다. 무아이자 모두가 나인 대아다. I'm(神)이다. 누구의 편도 아닌 중립이다. 의식의 최대 확장은 무아의식이다. 무아의식은 자연 전체의 의식이다. 무아의 보편성이 있어 자연 전체의 공동체 생활이 가능하다.

가수가 슬픈 노래를 부르면 공감하고 감동하고 함께 슬퍼한다. 그 가

---

[4] 힌두교의 범아일여 사상과 다르지 않다. 무아사상에서 보면 너와 내가 따로 없이 모든 것들과 나는 한 몸이라는 인식으로 자비심이 크게 일어나게 된다는 뜻.

초연결 초융합

커피 한 잔이 내 앞에 오기까지, 밥 한 그릇이 내 앞에 오기까지, 생선 한 마리가 내 앞에 오기까지 얼마나 많은 사람과 과정을 거치며 연결되고 융합됐을까?

커피나무는 천 년 만 년 전부터 그 씨알이 전해져 왔을 것이다. 커피나무를 심고 가꾸고 수확을 해서 차에 실었다. 차는 도로를 달려 바다의 배에 실었다. 바다를 건너와 커피공장에서 볶아서 포장해서 마트에서 팔았다.

자동차를 자동차회사와 공장에서 만들기 위해 정부의 허가가 필요하고, 공장이 돌아가기 위해 전기가 필요하고, 공장을 짓고 도로를 건설하기 위해 많은 사람이 동원된다. 배를 만들고 차와 배가 움직이기 위해 석유가 필요하고, 석유는 중동에서 채굴했을 것이다. 커피공장에서는 커피 포장을 위한 재료들이 필요하고, 인쇄를 해야 하고, 커피를 타기 위해 물이 있어야 하고, 커피잔이 있어야 하고, 물을 끓이기 위해 전기가 있어야 하고, 발전소가 있어야 하고 등등 셀 수 없이 많은 과정과 사람들이 연결되며 참여했을 것이다.

그리고 결정적으로 지수화풍 자연이 아니면 커피나무는 생겨나지도 자라지도 못했을 것이다.

그리고 커피를 마시고 싶은 내 마음이 없으면 커피는 어느 산속에 있든지 말든지 아무 상관이 없을 것이다. 커피는 결국 내 마음과 연결되어 있다.

삼라만상 중에 분리되고 고립된 존재는 없다. 모든 개별자들은 연결되고 융합되며 전체자의 전체성을 발휘한다. 빗물 한 방울은 물 한 방울의 개별성을 나타내고 바닷물은 전체자로서 바다의 특성을 나타낸다.

우주자연 전체자는 아무 부족함 없이 있을 건 다 있는 원만구족한 전체성을 발휘한다.

세상을 온전한 완성자로 보는 세계관은 인생을 긍정적으로 이해하고 인정하며 살게 한다.

수의 감정이 내 안으로 들어온 것이 아니라 내 안에 있던 깊은 감정이 공감하고 공명한다. 인간이 예술과 스포츠, 서비스 등 분야에서 공감하고 공유하며 문화와 문명의 창조가 가능한 것은 우리 안에 보편성이 있기 때문이다. 2,000년, 3,000년 전 성인들의 말씀이 아직도 살아있음은 시공을 초월하는 영혼의 보편성이다.

자연은 공평하지만 나는 지극히 사사롭다. 이기적이고 자기중심적인 개인주의자이며 소아적인 아집을 세우며 산다. 교회나 절에 가서 나를, 우리 가족을 도와 달라고 빌고 기도한다. 전쟁터에서는 우리 편이 승리하게 해달라고 같은 신에게 빌면서 서로 총을 겨눈다. 다른 사람보다 먼저 성공하게 해달라고, 병이 낫게 해달라고, 돈 많이 벌게 해달라고 기도하고 빈다. 하느님과 부처님은 지극히 공의로운 분이라고 누누이 가르쳐주어도 내 편이 되어 달라고 빈다. 이 얼마나 어리석은 일인가?

자연의 섭리는 사사롭게 기울어지지 않는다. 나의 양심은 공정한 세상과 부딪히지 않는다. 나의 이기심은 공정한 세상에 저항하며 자유롭지 못하다.

우주자연은 스스로이자 절대자이다

자연自然이라는 말의 뜻은 '스스로 그러함'이다. 스스로는 누구와 함께 혹은 누구에 의해서가 아닌 홀로이다. '무위자연'無爲自然이란 '자연을 좌지우지하는 신의 작위가 따로 있지 아니함'이란 뜻이다. 또한 스스로

DNA가 새겨진 하나의 수정체가 60조 개의 세포로 분열된다.
생명의식 영혼, 10만 킬로미터의 혈관, 206개의 골격, 근육, 뇌,
교감신경과 부교감신경 호르몬들의 융합체.
알수록 신령스러운 인체와 생명.
나는 누가 만들었을까?
누가 살려주고 있을까?
나는 나를 얼마나 알고 있을까?

는 상대가 없이 홀로라 설대자이다. 그러니 우주 대자연 외에 다른 신은 없다는 말이다. 자연이라는 말을 사용하는 동아시아인들에게 자연은 신이기도 하고 무신론을 의미하기도 한다.

자연의 생명의식이 곧 나의 정신이고 마음이다. 인식의 대상(정보)은 자연이다. 자연의 생명의식이 자연의 정보를 인식한다. 자연이 자연을 보며 앎이 일어난다. 나의 눈이 나의 몸을 바라본다. 생명의식이 생명체를 바라본다. 앎(인식)은 봄(의식)과 보임(정보)의 융합이다.

'천상천하에 우주자연 하나만 홀로 존재하는 절대자다'라는 세계관은 우리들의 인생관에도 커다란 영향을 미친다. 자연이라는 한자를 사용하는 동아시아의 한·중·일 세 나라는 고대부터 현대에 이르기까지 천지자연을 유일한 절대자로 인식하는 철학과 사상을 유지해오고 있다. 나를 '자기 자신'이라고 표현하는 것도 나를 자연의 몸 스스로의 몸으로 여기는 철학적인 일상용어라 할 수 있다.

진리와 진리 아닌 것을 논함은 어리석다. 자연은 절대이므로 자연의 사실 자체는 모두가 진리이다. 다만 지혜롭게 보느냐 어리석게 보느냐의 차이가 있을 뿐.

인류는 시대와 지역에 따라 우주자연에 대한 나름의 세계관을 정립하고 이에 따라 인생을 살았다. 그 결과를 대중과 공유하며 학문으로 또는 종교와 사상으로 권위를 부여했다. 이를 추종하는 대중들은 종교와 사상을 문화와 문명으로 장엄하게 치장하며 살아왔다.

자연의 모든 현상은 당연한 것이다

자연의 모든 현상은 이(理, 섭리)에 의한 기(氣, 에너지)의 나타남이다. 고로 모든 자연현상은 당연한 것이다. 그러나 어떤 기준을 가지고 보느냐에 따라 인식의 결과가 달라진다. 세상을 인식하는 표준적인 기준은 없지만 성장 배경과 삶의 환경에 따라 세상을 보는 각자의 기준이 길러진다.

나의 기준은 고정관념, 선입견, 직업병, 습관, 신념, 가치관, 잠재의식, 기억 등이다. 인간도 자연의 일부이고 인위적인 것도 자연의 일부라고 보면 삼라만상이 다 다르듯 각기 다른 생각과 행위도 모두 자연스러운 현상이라고 받아들일 수 있을 것이다.

모든 현상의 배후에는 자연의 법칙이 있다. 아무렇게나 일어나는 일은 없다. 반드시 자연의 이치를 따라 꼭 그럴 만한 이유에 의해서 일어난다. 세상의 모든 현상을 당연한 것으로 이해하고 인정하면 지혜롭고 자유롭다. 부정하고 저항하면 스트레스요 세상과 부딪히며 살게 된다.

생명사상과 동서고금의 세계관

인류는 수렵시대부터 도저히 거역할 수 없는 광대무변한 자연의 힘과 질서를 절대자로 숭배하며 살아왔다. 토속신앙과 신화의 시대를 거쳐 신본주의와 자연주의의 고등종교 시대를 지나 인본주의 시대가 열렸다. 20세기에는 과학적 자연주의가 지구촌을 물들였다. 21세기는 초연결 초융합 문화가 건설되면서 통찰적 자연주의 사상이 대세가 될 것이다. 20세기와 21세기의 자연주의를 거치며 탈종교 현상은 더 짙어지고 있다.

2,000년 3,000여 년 동안 인류의 정신세계에 군림했던 정신사상은 크게 세 개의 줄기로 분류할 수 있다. 아브라함 계열 종교사상, 동아시아의 통찰적 자연주의 사상, 인도 중심의 힌두이즘과 불교사상이다.

1) 아브라함 계열 종교(기독교, 이슬람교, 유대교)의 신본주의적 세계관

서구인과 아랍인들은 유일신인 여호와(알라)를 신앙했다.

전지전능한 하느님만이 유일한 최고의 절대자라고 믿는 기독교는 하나의 신이 천지를 다 주재한다는 것을 설명하기 위해 범신론적 개념인 삼위일체 세계관을 신학으로 정립했다. 성령이 무소부재하게 임하며 선악과 시비 이해를 빠짐없이 주재하고 섭리한다. 우주자연 전체가 전지전능한 신의 창조물이다. 고로 우주자연은 아무 흠결 없이 온전하다.

하느님은 지극히 공의로운 분, 지공무사한 분이다. 세속(에고)을 떠나 하느님 뜻대로 영적으로 살아야 구원받고 천국에 갈 수 있다. 인생을 마친 뒤 하느님의 심판에 따라 지옥이나 천국으로 간다. 자력 구원이 아닌 타력 구원이다. 최고의 윤리는 '서로 사랑하라'이다.

2) 동아시아의 통찰적 자연주의 철학사상

무극 - 태극 - 음양오행으로 전개되는 일원론적 자연주의적 세계관이다. 우주자연의 근원을 성性이라 하고 도道 - 교敎로 전개된다고 본다.

　노자와 공자는 천지자연의 거스를 수 없는 본성이요 천명(天命, 하늘의 운명)인 도를 순종하며 따르라고 가르쳤다. 공자는 천도와 인도를 바탕으로 한 인간의 윤리를 펼쳤고, 노자는 우주자연의 질서인 천도天道의 질서에 순응하는 무위자연을 강조했다. 섣불리 소아적으로 작위作爲하려 애쓰지 말고 자연의 흐름에 따르는 것이 더 온전하다는 뜻이다.

　천명인 도를 따르지 않는 인간을 향해 공자는 자연의 근본 성품인 인의예지仁義禮智를 실천하며 평화롭게 살 수 있도록 바람직한 군자(지배사)의 윤리를 사르쳤다.

3) 인도의 힌두교 사상

　인도의 힌두교는 아직도 신화 속 세계관에 따라 살고 있다. 고대의 토속신앙부터 이어져 오며 모든 현상을 신의 작용으로 여긴다. 창조하는 신, 유지하는 신, 파괴하는 신 등 3주신이 있고, 3주신을 따르는 3,000여 신들이 세상을 주관한다. 윤회법에 따라 엄격하게 인생을 심판해서 다음 생을 결정한다. 이른바 카르마의 저주에 따라 계급이 평생 고정불변하는 카스트 제도가 아직도 살아있다.

　이들은 나와 현실을 초월해 참나와 일치되는 길이 속세의 고통을 떠나는 유일한 구원의 길이라고 가르친다. 스스로의 힘으로 참나가 될 수 있으므로 자력구원론이라 할 수 있다. 또한 신과 모든 것들과 내가 한 몸이라는 '범아동일론' 철학으로 신에게는 인성을 붙이고 인간에게는 신싱을 포함시켰다고 볼 수 있다.

4) 불교철학

법신불, 화신불, 보신불 3불이 모두 하나의 부처다. 개유불성皆有佛性 즉 모든 존재에 불성이 있다고 가르친다. '세속은 고통의 바다이고 세상은 공허하니 집착하지 말라. 욕심을 버리면 자유로워진다. 나라고 할 만한 것이 없으니 무아이다. 모든 것은 변하니 무상하다.' 이처럼 현실에 집착하지 않는 자유를 2,500여 년 동안 변함없이 가르쳤지만, 아직도 무아의 삶을 사는 신도는 별로 없는 듯하다.

윤회하지 않고 다시는 세상에 태어나지 않음, 즉 열반을 최고의 구원으로 동경한다. 스스로 마음을 닦으면 열반에 들 수 있다고 보는 자력 구원론이다. 대표적인 세계관은 연기론이다. 무아론, 색즉시공론, 불이론 등의 세계관이 있다. 대승불교의 최종 윤리관은 동체대비同體大悲다.

5) 현대의 철학사상

전체론, 환원론, 기계론적 존재론, 유기체적 존재론, 생기론, 범신론, 무신론, 성리학, 음양오행설, 뉴에이지 운동, 유물론, 실용주의 등 수많은 철학사상을 지나 20세기는 과학적 자연주의가 지구촌 전체를 물들였다. 과학계에 새롭게 등장한 양자역학은 전통과학과 철학의 세계관까지 혁신하고 있는 중이다. 21세기에는 통찰적 자연주의 사상이 4차·5차 산업혁명을 이끌며 영성사회 지상낙원을 건설할 것이다.

현대 서구에서는 힌두인들의 수행방법인 요가와 불교의 명상법을 공부하며 스트레스 해소와 심신 안정을 위한 치유 수단으로 생활 속에서 활용하고 있다.

육감·영감·영성지능이라고도 하는 인간의 직관에 의한 세계관은 과학을 훨씬 앞선다고 할 수 있다. 직관은 바로 보고 알지만 과학은 그것을 형이하학적으로 시공 속에서 입증하는 데 시간이 걸리기 때문이다.

동서고금의 모든 철학과 종교 사상은 일원론이다. 우주자연의 처음 시작이요 근원인 하나의 절대자를 설정하고, 삼라만상 모든 존재에 무

명칭	사상	근원	삼위일체	윤리	구원
21세기 생명 사상	통찰적 자연주의	생명	생명 생명체 생명의식	지혜 자유	자력구원 이미 충만함 지상낙원
기독교	신본주의	의인화된 유일신	성부 성자 성령	사랑	타력구원 내세천국 은총휴거
불교	총체적 자연주의	마음	법신불 화신불 보신불	자비	자력구원 해탈, 열반 상락아정
노자·공자 사상	통찰적 자연주의	자연	성 천도 인도 교육	인의예지 (仁義禮智)	자력구원 성인 군자 평화로운세상
힌두교 사상	신본주의 + 자연주의	참나	창조신 유지신 파괴신	카르마	자력구원 해탈, 참나 아라한

생명체들은 모두 하나의 생태계 속에서 함께 생활한다.
세상에 남이란 없다.
생명체들은 타고난 DNA에 따라,
각자 생긴 대로 가장 자기답게 산다.
하지만 전체 생태계는 모자라지도 넘치지도 않게
조화롭게 균형을 유지한다.

소부재하게 임하며 섭리한다고 가르친다. 전체를 설명하는 아무런 오류가 없는 온전한 논리를 제시하자면 태초에 세상을 창조하고 섭리를 주재하는 최고의 절대신이 있어야 한다. 또한 그 신은 무소부재하게 전체를 빠짐없이 주관해야만 한다. 그의 힘이 미치지 못하는 곳이 있다면 그곳에는 또 다른 신이 있어야 하므로.

지난 세기에 주요 종교들은 사회적 통념이자 윤리적 기준으로서의 권위가 있었고, 대다수 인민이 따르기도 했다. 하지만 또 한편에서는 종교의 이름으로 온갖 악행을 저질러왔다. 선과 악은 왜 종교 안에서도 인간을 떠나지 않는 걸까? 그것이 궁금하다.

이해할 수 없는 일은 없다. 아직 그 이유를 모를 뿐

먼 나라의 한 마리 나비의 날갯짓이 폭풍이 되어 내 앞에까지 닥쳐오기도 하듯(나비효과) 세상의 모든 현상은 끝없는 연결과 융합의 결과다. 어떤 상황을 객관적으로 넓고 깊게 보느냐 또는 자기만의 잣대로 좁게 보느냐에 따라 이해가 되기도 하고 이해를 못하고 다툴 수도 있다. 이해를 하는 만큼 그 상황으로부터 자유로워진다. 이해를 못하는 만큼 그 상황에 저항하며 부딪히게 된다. 부딪힘은 스트레스다.

어떤 소리를 들어도 귀에 거슬리지 않는 이순耳順이 되자. 어떤 꼴도 눈에 거슬리지 않는 안순眼順이 되자. 이 세상은 이미 온전하다. '더 너그럽게, 더 너그럽게'가 답이다. 일빙ill-being하지 않고 웰빙well-being하기 위해.

자연에서는 아무렇게나 우연히 제멋대로 일어나는 일은 없다. 자연의 법칙을 따라 서로 연결되고 융합되며 일어나는 당연한 현상들이다. 인간도 자연이다. 인간의 생각과 행위도 아무렇게나 우연히 일어나지 않는다. 꼭 그럴 만한 원인이 있고 이유가 있다. 세상에 이해할 수 없는 일은 없다. 내가 아직 그 이유를 모를 뿐. 세상에 맛없는 음식은 없다. 내가 좋아하고 싫어함이 있을 뿐.

생명체는 공기와 햇빛과 물과 땅 기운이 아니면 잠시도 살아있을 수 없다. 너의 햇빛 나의 햇빛, 너의 공기 나의 공기, 너의 물 나의 물을 나눌 수 없다. 우리의 생명은 하나의 자연에 의지하고 있다. 너의 생명도 나의 생명도 모두 자연이다. 한 형제이자 한 몸뚱어리요, 한 울타리 안에 사는 동무요 동포다. 우리는 그렇게 초연결, 초융합되며 살아가고 있다.

아이들을 가르치는 교사나 언론인, 정치인 등은 먼저 나와 세상의 정체를 제대로 알고 어떻게 살아야 잘 사는 삶인지 깨달은 지성인이 되어야 한다. 거시적으로 전체의 눈으로 전체를 보고 누구 편에도 사사롭게 기울어지지 않는 중립의 자세로 공감되고 공유될 수 있는 언행을 하도록 늘 성찰해야 할 것이다. 지성이 아닌 지식만을 가르치는 일은 인공지능이 훨씬 더 잘할 수 있다.

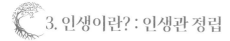
3. 인생이란? : 인생관 정립

인생이란

　인생이란 인간이라고 하는 생명체의 생활을 말한다. 인생관이란 인생을 어떻게 볼 것인가, 어떻게 살 것인가에 대한 자세나 견해의 정립이다. 인생관에 대해 말하기 위해서는 먼저 내 인생의 주체인 나는 누구인지, 인생의 조건과 환경인 세상은 어떻게 생겼는지 알아야 한다.

　자아정체관과 세계관을 제대로 깨달은 지성인의 인생관과 깨닫지 못한 지식인의 인생관은 다르다. 단 한 번뿐인 소중한 인생, 나와 세상을 사실대로 제대로 이해하면서 그 정체에 합당하게 온전하게 살고 싶다면 먼저 지성인이 되어야 한다.

1) 인간의 한계는 짐승에서 성인(신)까지

　나와 세상은 어떤 관계인가? 다른 사람과 남남으로서 경쟁 관계인가 한 동포로서 동무 관계인가? 자아정체관과 세계관에 따라 인생관은 판이하게 달라진다. 또한 세상의 다름들에 저항하며 부딪히며 살 것인가 조화롭게 어울리며 살 것인가, 인생을 비관적으로 볼 것인가 긍정적으로 볼 것인가에 따라 행복과 불행이 갈라진다.

한 시대의 인생관에 따라 혹은 종교에 따라 그 시대의 문화와 문명도 달라진다. 지금 이 시대의 주 이념인 자기중심적 개인주의 인생관과 나홀로 행복을 위해 경쟁을 미덕으로 삼는 자본주의적 인생관은 설사 성공을 이룬다 해도 결코 행복해지지 않을 근시안적이고 편협한 지식인들의 이념이요 태도다.

인간은 짐승과 마찬가지로 생존욕구를 본성으로 가지고 있지만 한편으로는 짐승과 달리 무한한 문화 창조의 가능성도 함께 구유하고 있다. 인생을 거시적·객관적·전체적으로 보는 지혜의 눈을 떠보라. 인간 중심의 편협한 눈이 아니라 인간 밖에서 객관적인 우주의 눈으로 인생을 보라. 인간은 현미경으로도 볼 수 있고 망원경으로도 볼 수 있고 GPS로도 볼 수 있다.

인간의 삶과 짐승의 삶이 다른 점은 무얼까? 짐승은 약육강식의 먹이사슬에 의해 생태계가 유지된다. 반면에 약한 자를 배려하고 도와주며 함께 행복하게 살고자 함이 짐승과 다른 인간다움이다. 국가공동체는 각종 사회복지제도를 통해 사회적 약자들이 낙오되지 않도록 배려하고 지원한다. 많은 NGO 단체들도 자기를 넘어 사회적 약자와 공동체를 위해 봉사하고 함께 나누며 스스로 보람을 느낀다.

동물은 늘 포식자들에게 노출된 채 그날그날 생존과 죽음의 기로에서 있다. 인류도 수렵시대에는 동물과 마찬가지로 생존을 지키기 위한

'아미그달라'라는 편도체가 필요했을 것이다. 현대의 인간에게도 우선 살아남아야 하는 생존본능이 있고, 생존과 죽음, 사랑과 미움의 단순한 양자택일의 선택을 강요하는 짐승과 같은 속성이 다분히 있다. 인간의 한계는 짐승에서 성인(신)까지라고 할 수 있다.

2) 인간다움

짐승과 달리 거대한 문명을 이루며 살 수 있는 인간다움의 동력은 포용력이다. 다양한 인간들이 모여서 국가를 형성하고, 도시를 건설하고, 국가 간 무역을 할 수 있는 힘은 결국 포용력이다. 인종 전쟁, 종교 전쟁도 없지 않았지만 결국 지구촌 공동체를 이루게 된 바탕은 함께 살고 싶은 포용력이라 할 수 있을 것이다. 짐승에게는 큰 무리를 이룰 수 있는 포용력이 없다. 잘 조직된 개미집단 역시 단 한 마리의 여왕개미에 의존하는 생존집단일 뿐 다른 개미집단과 연대하는 포용력은 없는 듯하다.

인류는 나아가 모든 생태계를 보호하며 함께 잘 살려고 한다. 다름에 대한 거부와 저항보다는 함께 잘 살려고 하는 포용력이 더 우세함을 알 수 있다.

인생의 목적

내 인생의 목적은 누가 정해야 할까? 신이 있어서 내 삶을 어떻게 살아야 한다고 정해주는 것인가? 그 신이 내 삶의 의무가 무어라고 알려주거나 명령한 바가 있었던가? 없었다! 나는 신을 시섭 만나시도 못했고 신으로부터 아무 소리도 듣지 못했다. 그러니 내 삶의 목적을 스스로 정하며 살아가면 된다.

나는 자기 자신이다. 스스로의 몸과 정신이다. 스스로는 그 누구에 의지하지 않는 홀로이다. 나 홀로 내 삶의 목적을 생각해보자. 나는 삶속에서 무엇을 원하는가? 이고득락離苦得樂, 고통 없는 행복한 삶이다. 그 누구도 고통을 좋아하거나 즐거움을 싫어하지 않을 것이다. 그러니 모든 이들의 바람에 의해 삶의 목적은 행복이라고 말할 수 있다. 내가 원하는 대로 행복하게 살면 되지 다른 의무나 소명은 없다. 내 삶의 주인은 천상천하에 오직 나 스스로이다.

내 삶은 전체성과 개별성 두 개의 본성으로부터 연역되고 귀납된다. 정의를 위해 또는 더 나은 세상을 위해 개인의 삶을 희생하고 목숨을 바치는 사람도 결국 자신의 전체성인 양심을 힘들게 하지 않고 더 당당하게 하므로 그런 선택을 하는 것이다. 사사로운 나의 소아적인 이기심이 기뻐할 일들이 있고, 공의로운 대아적인 양심이 기뻐할 일도 있다. 따라서 이기심과 양심, 즉 대아와 소아의 행복이 모두 필요하다.

사람들은 날마다 바쁘게 산다. 앞만 보고 열심히 뛰어간다. 정작 왜 뛰는지도 모른 채 그냥 달려가고 있는 건 아닌지, 정말로 행복한 삶의 길 위에서 살아가고 있는지, 불행한 삶의 길 위에서 살고 있으면서 나는 왜 불행한가' 하고 한탄만 하고 있지는 않은지 성찰해봐야 한다. 그래야 늘 행복한 삶의 길 위에서 미끄러지지 않고 잘 살아갈 수 있게 된다.

인생의 목적: 행복

행복의 힘: 스스로 함. 자유로움

불행의 힘: 자유롭지 못함

자유롭기 위해서는 먼저 지혜로워야 한다. 지혜롭게 자유롭게 삶이 가장 훌륭한 인생이다. 인생의 정석이다.

더 생각해보기

① 내 인생의 목적을 누가 정해야 할까? 내 인생의 주인은 누구인가?
부모로부터 언제 독립하는 게 좋을까? 인생의 주체에 대해 스스로
질문하고 깨닫도록 노력한다.

② 나의 행복을 위해 행복한 사회 건설에 나서야 한다.
불행한 가족, 불행한 이웃, 불행한 사회에서 나 홀로 행복할 수 있을까?
깊이 생각해보자.

③ 삶의 목적을 무엇으로 정하는지에 따라 인생관이 달라진다.

④ 내 안에 있는 두 개의 서로 다른 나, 전체성과 개별성에 대해 생각해보자.

인생의 운명

피할 수 없이 이미 정해진 삶의 운명, 그래서 받아들일 수밖에 없는 사실을 인생의 운명이라고 할 수 있다.

나의 인생은 다름으로 가득한 세상의 한가운데 서 있다. 삼라만상도, 지구촌 70억 인류도 모두 다르다. 한 엄마의 뱃속에서 태어난 쌍둥이도 다르다. 다르니까 조화롭다. 똑같은 것만 모여 있으면 천편일률 아무 변화도 없고 새로움에 대한 기대나 희망도 없다. 사막이나 태평양 한가운데서는 그 경치가 아름답다고 하지 않는다. 오래 있으면 권태롭고 삭막하다. 무지개와 하모니가 아름다운 것은 각기 다른 색깔과 소리가 조화롭게 모여 있기 때문이다. 각기 다른 삼라만상과 함께 살아야 함은 피할 수 없는 운명이다.

다름을 이해하지 못하고 인정하지 못하고 조화롭게 어울리지 못하는 것은 나의 소아적 아집 때문이다. 공동체에서는 아집 대신 양심을 차려야 한다. 아집은 다툼과 불통의 원인이다. 공동체에서 양심은 보편성이다. 공감과 소통의 힘이다.

우리는 또한 보편성(공동체성)과 개별성(개인주의)의 이중적 이율배반적 존재다. 선과 악 두 개의 본능을 함께 가지고 있다. 아무것도 안 하고 있으면 무선무악이다. 무언가 하려고 나서면 능선능악이다.

홀로 산다면 아무것도 따지지 않고 살고 싶은 대로 살면 될 것이다. 인생의 복잡한 문제는 어떻게 하면 '함께' 잘 살 수 있는가 하는 공동체적 과제를 풀기 위함이다. 인생은 함께 살아야 하는 운명 속에서 홀로

만 잘 살려고 하는 이기적 욕심과 갈등하며 사는 드라마다. 인생이 지닌 모든 문제는 함께 삶의 문제다.

두 개의 나, 이기심과 양심

어떤 소리를 들어도, 어떤 꼴을 보아도 거슬리지 않는 사람이 있다. 들리는 소리마다, 보이는 사람들 꼴마다 눈과 귀에 거슬려하는 사람도 있다. 조화롭기 위해서는 달라야 한다. 삼라만상은 조화롭게 어울리기 위해 다르다.

삼라만상 다름들이 모여 살며 날마다 새로움과 만난다. 날마다 신새벽이 오고, 날마다 변화하니까 새로움에 대한 기대를 하며 싫증나지 않는 인생을 살아갈 만하다. 다름을 이해하고 인정하고 조화롭게 어울림이 다름으로부터 자유로움이다. 다름의 세상과 부딪히며 살까 어울리며 살까 선택에 따라 인생길이 많이 달라져 버린다.

홀로 있으면 함께 있고 싶고, 함께 있으면 홀로 있고 싶은 본능 때문에 개인주의와 공동체주의 사이에서 갈등하며 살게 된다. 나만의 행복을 위하는 이기심과 다 함께 행복하기를 바라는 공의로운 양심, 두 개의 마음이 다 나의 본능이다.

갈등이 있으니 궁금하고 흥미 있는 드라마로 된다. 갈등이 있으니 인생이다. 괴로움이 있어 괴롭지 않음을 향해 살아간다. 어둠이 있어 밝음을 찾게 된다. 배고픔이 있어 먹이를 찾아 나서게 된다. 미움이 싫어

얼굴은 하나지만 수많은 표정들이 얼굴을 스치며 흘러간다.
이해가 안 되고 인정이 안 되면 저항한다.
저항은 상대와 부딪히고 자신의 감정도 억누른다.
억눌린 감정은 내면에 잠재되어 있으면서 계속 자신을 힘들게 한다.

서 사랑을 갈구하게 된다. 죽음이 곁에 있어, 질병의 고통이 곁에 있어 건강하게 생존하려 한다.

인생은 이율배반적인 상대에 의해 또 다른 상대가 확인됨으로써 조화롭게 살아가는 희망이 되고 힘이 된다. 해결해야 할 아무런 문제도 없고, 해야 할 일이 하나도 없는 인생은 얼마나 삭막할까? 이미 행복한 세상이 아니라 불행한 세상에서 길어 올리는 행복이라 더 소중하다.

선과 악 두 개 다 나의 본능이다. 누구든지 얼마든지 악할 수 있고 얼마든지 선할 수도 있다. 이율배반적인 두 개의 본성으로 인생을 잘 살아내기 위해서는 평생 자기 성찰하며 살아가는 수밖에 없다.

더 생각해보기

① 삼라만상 중 똑같은 것, 다르지 않은 것 찾아보기.

② 내가 세상의 중심인가? 세상의 표준인가? 내 생각은 언제나 옳은가?

③ 조화롭기 위해서는 달라야 한다. 다름과 더불어 어떻게 조화로울 수 있을까?

④ 스트레스는 왜 일어날까?

⑤ 마음에 저항(걸림)이 없는 것이 자유다. 다름을 인정하면 다름으로부터 자유로워진다.

⑥ 동서고금을 통해 세상의 모든 인성교육과 윤리교육의 과제는 소아적 아집에 가득한 자기중심적인 개인주의를 공동체적인 양심적 개인주의로 교정하는 일이다.

⑦ 다름이 없는 세상에서 살 수 있을까? 나와 똑같은 사람만 가득 모인 세상이 더 좋을까?

인생의 내용

하루 24시간 중 잠자는 데 8시간, 일(공부)하는 데 8시간, 먹고 노는데 8시간 정도를 소비한다. 그러니 잘 먹고, 잘 놀고, 잘 자고, 일 잘하는 것이 잘 사는 인생이다.

'잘함'의 상대 말은 '잘하지 못함'이다. 잘함과 잘하지 못함의 기준은 정해져 있는 것일까, 아니면 내 스스로 정하면 되는 것인가? 무유정법 無有定法! 변하지 않는 고정된 법은 없다. 다만 시절에 따라, 필요에 따라 정하고 허물고 다시 정할 뿐이다. 나는 자기 자신 스스로이다. 스스로 정하면 된다.

잘 자기와 잘 놀기

잘 자기 위해서는 언제든 편안하고 안전하게 잠자고 쉴 수 있는 나만의 공간, 즉 집이 필요하다. 좋은 집은 어떤 집일까? 사람마다 생각이 다르다. 각자 자신이 원하는 집, 꿈꾸는 집을 지으면 된다. 다른 사람이 부러워할 만한 큰 집, 소박한 집, 도시의 집, 전원 속의 집, 바닷가의 집, 숲속의 집, 친환경·친생명 집 등 마음껏 선택할 수 있다.

인생은 잠시도 쉬지 않는 시간 위에 실려 있다. 잠을 잔다는 것은 하루의 활동을 모두 멈추고 하루를 여의는 마침표다. 죽음은 일생을 마무리하는 것이고 잠은 하루의 생활을 마무리하는 것이다. 잠을 잔 후에는 어김없이 신선한 새벽을 맞는다. 날마다 새로운 하루와 마주하지 않는다면 인생이 얼마나 구질구질하고 권태로울까? 그런 잠을 위해 인생의

3분의 1이라는 소중한 시간을 할애한다. 열심히 일하고 나면 피곤하고 졸리고, 푹 잔 후에는 꿀잠을 잤다고 한다. 잠은 꿀 같은 휴식이다. 따라서 집을 짓는 일은 예로부터 일생 일대의 가장 큰일이라고 했다.

열심히 일(공부)한 뒤의 쉼과 즐거운 놀이는 꿀맛이다. 여가 활동은 그 자체로도 즐거움이요 다음을 위한 재충전이다. 혼자서는 재미가 없다. 함께 놀 동무가 필요하다.

어린 시절 잘 놀아본 사람이 커서도 잘 논다. 동무 관계도 맺어본 사람이 잘 맺을 줄 안다. 시간과 돈이 있어도 동무가 없고 잘 놀 줄 모르면 무엇으로 즐거울 수 있을까? 행복한 인생의 길 위에 서고 싶다면 동무 관계 잘 맺기, 잘 놀기를 어린 시절부터 익혀야 한다.

어떻게 하면 동무들로부터 사랑을 받을 수 있을까? 내게 좋은 게 상대에게도 좋다. 내가 싫은 건 상대도 싫어한다. 상대가 좋아하는 걸 해주고 싫어하는 것 삼가는 것이 사랑의 비결이다. 재미있는 일도 마땅히 없고 동무도 없는데 시간이 너무 많아서 힘들어하는 사람도 있다. 하고 싶은 일, 만나고 싶은 사람이 너무 많아서 시간이 부족하다고 아쉬워하는 사람도 있다. 여가를 잘 활용해서 스스로 즐겁고 만족한 시간을 가질 수 있도록, 사람들이 나를 좋아해서 동무를 맺고 싶어하도록 사람을 사랑하는 연습과 경험이 필요하다. 행복은 저절로 오지 않으므로.

잘 먹고 일 잘하기

음식은 생명이자 커다란 즐거움이다. 식욕은 생존을 위한 기본적이고 본능적인 욕구다. 섭식을 잘하면 건강하고 아무렇게나 먹으면 병고에 시달리게 된다. 생활습관병에 고통받지 않고 건강하게 잘 살려면 건강한 식습관을 꼭 지켜야 한다. 함께 먹고 마시면 정이 든다. 식사는 인간관계를 잘 맺을 수 있는 매개체 역할을 한다. 함께 모여 요리하고 먹고 노는 파티나 잔치는 빠질 수 없는 즐거운 행사다. 건강하고 즐겁게 먹기도 인생의 중요한 부분이고 노력하는 만큼의 결실이 온다.

세상에 맛없는 음식은 없다. 내가 싫어하는 음식이 있을 뿐. 내 입맛을 미리 고정해놓지 않으면 음식마다 어떤 맛이 있는지 궁금해지고, 각기 다른 음식들의 고유한 맛을 혀끝으로 즐길 수 있다. 관능적 감각 대신 영감을 차리고 냉철하게 음식의 기미와 마주하면 그 음식이 나에게 독이 되는지 약이 되는지도 알 수가 있다. 인간은 다섯 가지 감각을 넘어서 제6감인 영감으로 더 넓고 깊게 알 수 있다. 선조들은 그 능력으로 500여 가지가 넘는 한약재의 약성을 알아내고 질병 치료에 활용해왔다.

내 몸이 어떤 성분, 어떤 음식을 원하는지 몸의 소리를 잘 들어야 한다. 힘이 넘치면 쓸데없이 힘을 쓰고 싶어 들썩거리게 된다. 힘이 약하면 무기력하고 면역력이 떨어진다. 과하지도 모자라지도 않게 적절함을 유지하는 건강의 지혜가 필요하다.

잘 먹는 사람은 일도 잘한다. 하지만 일은 홀로 하는 게 아니다. 사람들과 관계 속에서 함께 일한다. 좋은 관계 속에서 하고 싶은 일, 잘할 수 있는 일을 할 때 일도 잘 되고 즐겁다. 자기가 하고 싶은 일, 잘할 수 있는 일을 찾을 수 있도록 스스로에게 묻고 또 물어야 한다. 높은 수입을 위해 하고 싶은 일을 포기한다면 돈과 안락함보다 더 큰 것을 잃게 될 것이다. 내 인생의 주인은 나다. 진로와 직업은 나의 인생계획에 의해 내가 정해야 한다.

행복한 삶에 있어서 관계 맺기는 행복의 5대 요소 중 하나다. 먹을 때, 일할 때, 놀 때 그리고 잠잘 때까지 함께할 동무가 필요하다. 일터에서도 경쟁관계나 남남관계 말고 함께 일하며 함께 행복해지는 동무관계 맺기가 행불행을 가르는 중요한 단초다.

다른 동료와 부딪히지 않고 조화롭게 잘 어울리며 일하기, 다름을 이해하고 인정하며 조화롭게 함께 살 수밖에 없음을 잊지 말아야 한다. 다름과 함께 사는 것은 피할 수 없는 운명이다.

시비이해

인생의 주요 내용은 인간관계이고 인간관계의 주요 내용은 시비이해다. 시비이해를 잘하기 위해서는 중립을 잘 지켜야 한다. 중립은 누구의 편도 아닌 공정한 자리다. 어느 편에도 서지 않는, 사사롭지 않은 양심이 바로 중립이고 공명정대함이다. 자기중심적 시비이해는 인간관계를 불편하게 하고 나의 평판도 나쁘게 한다.

사랑과 미움

인간은 평생 사랑하고 미워하고, 좋다 싫다 하며 산다. 하지만 사랑에 끌려다니고 미움이 두려워 피하기만 하면 인생이 자유롭지 못하다. "사랑하고 미워하는 소아적인 아집만 없으면 바로 깨달은 사람이다"라는 말도 있다.

어린아이에게 엄마의 사랑과 미움은 생존이 걸린 문제다. 엄마의 사랑에 대한 바람 혹은 미움에 대한 두려움이라는 두 개의 감정이 어린 시절부터 내면에 자리 잡게 되고, 그 감정이 평생을 따라다니며 스트레스로 작용하기도 한다.

사랑과 미움의 감정은 누가 만드는가? 원초적인 의식이라 무의식이라고도 하는 생존본능의 소아적 아집이다. 에고만 없으면 사랑과 미움의 감정 없이 이해하고 인정하며 삼라만상을 있는 그대로 바라볼 수 있을 것이다.

생로병사

인간의 삶을 간단하게 요약하면 생로병사다. 태어나서 늙고 병들고 결국 죽는다. 피할 수 없는 운명이다. 생로병사를 이해하고 인정하며 조화롭게 함께하면 생사 해탈이다. 생로병사에 아집을 세우고 저항하며 부딪히면 생사가 고통이다. 생사로부터의 속박이다.

인의예지

인생을 어떻게 살아야 하는지 알려주는 것이 윤리도덕이다. 복잡다단한 인생의 윤리를 간결하게 요약하면 인의예지仁義禮智다. 인의예지는 인간의 본성이다. 따로 공부하지 않아도 이미 마음에 자리하고 있다.

불쌍한 것을 보면 측은하게 여기는 마음이 저절로 일어난다. 옳지 않은 짓을 하려면 스스로 부끄러운 마음이 일어난다. 사람들 속에서 스스로 겸손해지고 싶은 마음이 예절을 차리게 한다. 사실과 거짓을 알 수 있는 슬기로움이 본래 있다. 이런 마음들은 모두 하나의 마음, 양심에서 나온다. 양심은 이기심과 함께 인간의 본성이다. 이기심은 몸마음 땅마음이고 양심은 생명의식 하늘마음이다.

윤리도덕을 더 요약하면 '사랑'이다. 사랑하는 마음 하나면 윤리는 완성된다. 사랑을 어떻게 잘할 수 있을까? 내가 원하는 걸 상대에게 해주려고 노력하고 내가 싫은 것은 삼가는 게 사랑의 기본이다. 모든 미움을 다 용서해 버리면 사랑만 남게 될 것이다.

어떻게 용서를 잘할 수 있을까? 마음이 커져야 한다. 우주의식으로 확장해야 한다. 무한한 우주의식 속에 소아적 갈등은 시시해서 왜소해져 버린다. 원래 나의 의식은 우주의식 영혼이다. 아집을 멈추고 깨어 있으면 된다. 지금 바로 양심을 차리면 된다.

성냄과 어리석음과 그름

성냄과 어리석음과 그름은 불행한 인생의 3대 원인이다. 평화롭게 지혜롭게 바르게는 행복한 인생의 세 가지 큰 힘이다.

지혜와 자유

지혜와 자유는 훌륭한 인생의 두 가지 요소다. 지혜롭고 자유로운 인생보다 더 훌륭한 인생은 없다.

인간관계

인생의 주요 내용은 인간관계다. 인간관계를 통해 기쁨과 슬픔, 사랑과 미움, 시비이해 등 인생이 연출된다. 인정받고 싶은 욕구, 사랑받고 싶은 욕구, 사랑하고 싶은 욕구들은 내가 만들어낸 감정이 아니고 내 생명에 처음부터 있었던 본능들이다.

관계에서 스트레스가 일어날 때마다 소아적 아집을 멈추고 대아적 양심으로 이해하고 인정하고 조화롭게 어울리면 스트레스 없는 조화로운 인간관계로 될 것이다. 자신의 아집을 잘 아는 게 자신을 잘 아는 것이다. 소아적 아집이 자신의 인성이다.

다양한 인생관

똑같은 세상에 살면서도 사람마다 인생관이 다 다르다.

소아적인 자기중심적 개인주의자의 인생관 – 자기밖에 모르는 나홀로 행복주의자의 세속적인 인생관.

대아적인 인생관 - 자기를 넘어 이웃과 국가와 세상을 걱정하는 다 함께 행복주의자의 영적인 인생관(NGO 활동가, 성직자, 봉사활동가의 인생관).

비관적인 인생관과 낙관적인 인생관 - 인생의 환경인 세상을 비관적으로 보느냐 또는 낙관적으로 보느냐에 따라 인생관이 달라진다.

지성인의 인생관 - 철학적이고 거시적이다. 근본적으로 전체적으로 본다.

지식인의 인생관 - 과학적이다. 근시안적인 합리주의다. 부분적으로 접근한다.

2

닦음_ 성찰하며 살기

1. 명상이란 무엇일까?

명상의 정의

　세상과 분리된 몸(육체)을 나라고 여기며, 나를 중심으로 아집을 세우고 내 생각과 다른 세상일들에 저항하고 부딪히며 어리석게 자유롭지 못하게 살아가고 있는 소아(세속)적인 인생이, 절대자이며 완성체인 우주자연 전체와 나가 연결되고 융합된 한 생명 한 몸임을 깨닫고, 우주의 식 영혼으로 지혜롭고 자유롭게 온전한 인생을 살아가기 위해서 명상을 한다. 진정한 명상은 깨달음으로부터 시작되고 깨달음 속에서 완성된다.

　인류는 동서고금을 막론하고 명상을 지향해왔다. 명상의 뿌리는 생명의식 영혼이다. 명상이 도달하고자 하는 곳도 영혼이다. 영靈은 우주자연 전체의 생명의식이고 혼魂은 삼라만상 개별 생명체의 의식이다. 영은 의식(생명 의식)의 바다 온라인이고, 혼(생명체 의식)은 온라인에서 활동하는 영의 아바타(캐릭터)들이다. 세속적인 인생의 온갖 고통과 불평불만은 영적으로 살지 못하고 혼(뇌의식)으로만 편협하게 삶으로써 비롯된다. 왜소한 놈만을 나라고 여기며 놈이 외롭다고, 두렵다고, 부족하다고 불평불만이다. 명상은 몸 중심의 왜소한 뇌의식에서 우주의식으로의 확장을 지향한다. 전체성과 개별성 두 개의 본성을 모두 발휘하며 살기 위한 노력이다. 몸 안에 의식(마음)이 있지 않고 우주의식 안에 몸이 있다.

명상은 어리석고 자유롭지 못한 인생을 지혜롭고 자유로운 인생으로 혁신하고 전환하는 노력이다. 인생의 혁신과 전환을 위해서는 이해와 체험 두 가지가 필요하다. 이해는 세상의 이치를 이론적으로 앎이고 체험은 이론으로 정리된 세상의 이치가 현실 생활에서 구체적으로 전개되는 것을 경험하고 확인함이다.

모든 명상은 원시반본을 지향한다

명상은 영어 'meditation'의 번역어다. 동양의 정신문화 전통에서는 '깨달음'과 '닦음'이라는 용어를 주로 사용했다. 닦음은 수양, 수행, 수도, 수심, 수신, 수련 등 '닦아버리고 다시 함'의 뜻을 가진 우리말이다. 닦음은 닦아버리면 원래의 나와 세상은 이미 온전하다는 전제에서 시작된다. 남을 비난하고 탓하기에 앞서 자기 자신을 먼저 온전하게 가다듬고 성찰하겠다는 동아시아의 전통적인 인생 태도다. 닦음은 자기 자신을 언제나 늘 성찰하며 닦아야 하는 때(소아적 아집)가 묻은 존재로 여긴다.

인간이 자연으로부터 부여받은 생명의식은 알 수 있음과 할 수 있음, 지혜로움과 자유로움이다. 어떠한 고정관념이나 선입견 없이 순수한 의식으로 보고 들으면 사실을 사실 그대로 인식할 수 있다. 마음에 아무런 저항이 없어 무엇이든 하고 싶은 것을 할 수 있음이 자유로움이다. 하지만 몸나의식(생존본능)에만 집중하며 편협하게 살면서 온갖 불평불만 속에 힘들어하게 된다.

닦음(명상)은 자유롭지 못하고 어리석은 의식들을 닦아버리고 다시 원래의 순수한 생명의식으로 되돌아가 지혜롭고 자유롭게 살아가기 위한 노력이다. 그러므로 모든 명상은 원시반본原始反本[5]을 지향하게 된다.

서양에서는 깨달음과 닦음을 위한 모든 수단과 방법 즉 요가나 기도, 단전호흡, 참선, 위파사나, 마음챙김, 만트라 등을 모두 명상이라고 부른다.

깨달음을 성취한 사람을 지혜로운 사람이라고 하고, 지혜롭게 자신을 늘 성찰하며 살아가는 사람을 지성인이라고 할 수 있다. 자신의 인생을 소중히 여긴다면 누구도 아무렇게나 살고 싶지는 않을 것이다. 그렇다. 지금 우리의 인생이 어리석고 자유롭지 못하기에 명상을 갈망하게 된다. 인간은 기본적으로 방황하고 표류하는 자신의 삶에 만족하지 못하고 절대적이고 확실한 근원을 찾고자 하는 뿌리 깊은 욕구가 있다. 온전하고 충만한 영혼에 안주함이 구원救援이다. 구원을 위해 온전하고

---

5) 맨 처음 시작인 생명의식(순수의식)으로 되돌아감.

충만한 영혼을 확인할 수 있어야 한다. 명상은 인생의 완성인 구원을 지향한다.

지혜롭고 자유로운 삶은 결코 수월하지 않다. 세상이 전체성과 개별성의 이율배반적인 구조로 되어 있기 때문이다. 그러니 평생 몸과 마음을 닦으며 성찰하며 살아갈 수밖에 없다.

명상은 먼저 자신의 마음을 닦으며 성찰하는 회광반조回光反照하는 공부다. 결코 남의 마음을 평가하고 판단하고 간섭함을 잘하기 위한 공부가 아니다.

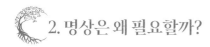

2. 명상은 왜 필요할까?

함께 사는 세상을 위해 명상이 필요하다

실효성 있는 인성교육, 도덕·윤리 교육을 위해 명상이 필요하다.

인성교육의 전제는 공동체 생활이다. 홀로 산다면 인성교육은 필요하지 않을 것이다. 각기 다른 개별성을 가진 개인들이 서로 부딪히지 않고 조화롭게 잘 어울리며 함께 살기 위해서 인성교육이 필요하다. 또한 함께 살면서 공감하고 공유하기 위해서는 보편성과 객관성의 이해가 필요하고, 자기중심적 개인주의와 소아적 아집에 사로잡힌 인성을 공동체적 인성으로 가다듬기(도야) 위해 닦음이 필요하다.

인간이 짐승과 다른 것은 약육강식의 본능을 넘어서 약자도 배려하며 함께 살아갈 수 있는 지성이 있기 때문이다. 국가 사회는 사회적 약자인 장애인, 노인, 빈곤층 등을 지원하고 배려하는 온갖 복지정책을 펼친다. '나 홀로 행복' 말고 '다 함께 행복'을 지향하는 공동체적인 인간성을 고양하기 위해서는 미리 정해진 진도 나가기식 덕목지식 교육 말고 실효성 있는 인성교육을 위해 스스로 자기를 성찰하며 아집을 닦고 영성지능을 기르는 공부가 꼭 필요하다.

부모가 자식에게, 교사가 학생들에게 도덕·윤리를 가르칠 때는 윤리의 근거를 먼저 말해줘야 한다. 윤리의 근거가 곧 윤리적 실천의 동기가 되기 때문이다. 아무런 근거가 없는 행동지침이나 덕목교육은 실행 의지를 유지할 동력이 부족하다. 따라서 윤리의 근거가 되는 인생의 근본 철학에 대한 깨달음이 필요하다.

인간은 눈·귀·코·입·피부의 감각기관을 통해 우주자연의 현상을 인식하고, 인식된 정보를 자신이 체험한 정보나 기존의 지식, 신념, 잠재의식들과 연결하고 융합하며 자신의 생각으로 재구성한다. 따라서 똑같은 현상을 보고도 사람마다 가치 판단과 의미 부여가 다르다.

자신의 생각만을 고집하고 집착함을 아집이라고 한다. 나의 아집이 다른 아집과 만나면 이해가 안 되고, 인정이 안 되고, 함께할 수 없다고 저항하고 부딪히며 스트레스를 주고받는다. 공동체 생활에서는 소아적이고 자기중심적인 아집 대신 객관성과 보편성을 세우는 노력과 힘(내공)을 길러야 한다. 내 안에 있는 양심이 객관성과 보편성이다. 항상 양심을 차리고 아집을 내려놓는 닦음이 필요하다.

고통의 근본 원인을 성찰하기

1) 지혜롭지 못함의 고통

인생의 고통은 나와 세상의 정체를 제대로 알지 못하고 왜곡되게 앎으로써 시작된다. 자신의 몸을 중심으로 하는 주관적인 경험과 인식을 세상의 표준으로 착각하고, 자신의 고정관념이나 선입견을 세상을 보는 기준(잣대)으로 삼으며 자기와 다름을 시비한다. 세상이 자신의 뜻대로 되지 않는다고 원망한다.

2) 자유롭지 못함의 고통

자유롭기 위해서는 먼저 지혜로워야 한다. 자기 기준을 고집하며 다름을 틀림으로 인식하고 끊임없이 시비이해를 함으로써 마음이 자유롭지 못하다. 다 같이 함께 사는 세상에서 자기중심적이고 이기적으로 내 뜻대로 되기만을 바라므로 자유롭지 못하다. 소아적인 아집을 세우는 만큼 다름으로 가득한 세상에서 자유롭지 못하다. 내 앞에 일어난 상황을 인정하지 않고 저항하며 스트레스를 받는다.

이해함이 지혜이고 인정하면 자유이다. 이해가 안 되고 인정이 안 되면 저항이 일어난다. 저항이 스트레스이고 자유롭지 못함이다. 큰 저항은 기억되고 잠재의식이 되어 다시 또 저항하게 한다.

3) 자기중심적인 개인주의(아집)

나를 세상의 중심으로 여기는 어리석음이 내가 세상의 중심이 아닌 객관적인 사실과 만나게 될 때 힘들다. 세상이 내 생각처럼 나를 인정해주지 않으므로 불만이 쌓인다.

나의 생각은 수많은 생각 중 하나일 뿐이다. 내 생각은 결코 세상의 기준이나 표준이 아니다. 내 생각만 고집하면 다른 생각들에 저항하며 부딪히게 된다. 자기중심적인 개인주의와 아집이 인성교육의 최대 과제이다.

4) 자본주의와 산업화

주주자본주의 사회 속에서 무한경쟁하며 살기가 버겁다. 늘 남과 비교하며 아무리 열심히 살아도 만족스럽지 못하다. 산업화가 공동체 사회를 무너뜨리고 개인주의를 심화시킨다. 서로 경쟁하느라 사회적 신뢰가 부족하다. 경쟁에서 뒤처질까 봐 불안하다. 고립된 개인은 외롭고 두렵고 허전하다. 동무관계의 안온함은 없고 경쟁관계의 각박함만이 가득하다. 인간의 본성은 따로 또 함께다. 본성에 맞게 주주자본주의가 아닌 사회자본주의를 해야 한다. 협동조합이 활성화되어야 한다.

5) 죽음과 질병의 고통

죽음은 자연스럽고 당연한 것이다. 생로병사는 누구도 피할 수 없다. 인간도 다른 짐승과 마찬가지로 생존본능에 의해 인생의 많은 부분이 영향을 받는다. 늘 죽음의 두려움과 질병의 고통이 함께한다. 생로병사를 이해하고 인정하면 생사해탈이다. 거부하고 저항하면 생사가 고통이다.

6) 욕구불만

현실을 욕구로 나누면 행복지수가 된다. 욕구가 많을수록 욕구불만도 커진다. 욕구는 순서에 따라 차근차근 채워 나가야 한다. 자신이 세상으로부터 분리된 왜소한 존재라는 인식 때문에 온갖 욕구불만에 시달리게 된다. 욕구를 다 채우면 행복해지리라는 생각은 착각이다. 욕망은 결코 다 채울 수 없는 무한의 주머니다. 자신이 이미 가지고 있는 많은 것에 감사할 줄 모르고 가지지 못한 1퍼센트에 집착하며 생사가 고통이다.

7) 절망감

절망은 우울함으로 이어진다. 절망이란 없다. 절망, 우울증, 공황장애 등은 내가 만든 내 생각의 터널일 뿐이다. 스스로 절망의 터널 속에 갇혀 빠져나오지 못하는 것이다. 터널 밖은 무한하고 이미 완성된 온전한 세상이다. 의식확장 명상을 하면 소아적 아집에 사로잡힌 절망감의 터널에서 해방될 수 있다.

8) 권태로움

변화 없는 똑같은 일상의 반복에 싫증이 난다. 인간은 기본적으로 끊임없는 새로움과 변화에 대한 강렬한 욕구가 있다. 본래 인생은 고통스럽도록 설계되어 있지만, 한편 그 고통을 해결하며 행복해지는 길도 설계되어 있다. 그 길을 찾아 노력하는 과정이 인생의 활력이기도 하다.

9) 전체성과 개별성의 이율배반적 본성

인간은 전체성과 개별성 두 개의 본성을 모두 구유하면서 갈등하고 힘들어한다. 양심과 이기심, 보편성과 개별성, 공동체성과 개인주의, 우주의식과 몸나 마음, 대아와 소아, 선과 악이 모두 나의 본성이다.

명상은 인생의 고통을 심리상담처럼 지엽적·부분적으로 접근하는 것이 아니라 근본적 전체적으로 해결하기 위한 노력이다.

인생의 이율배반적인 조건들

개별자인 소아는 시간과 공간으로 국한되는 국소적인 특성을 갖게 된다. 각각 시간적·공간적으로 다른 위치와 처지에 있는 개별자들이 공동체를 이루고 살기 위해서는 자기중심적인 개별성을 뛰어넘는 객관성과 보편성을 발휘해야 한다. 언제나 대아로만 살 수도 없지만 소아로만 살아서도 안 된다. 대아의 소아로서 사는 것이 온전한 인생이다. 인간은 평생 두 개의 이율배반적인 본성을 가지고 살아가게 된다.

1) 소아와 대아

소아적으로만 사는 사람을 세속적이라 한다. 몸을 중심으로 한 뇌의 식만으로 소아적 아집에 갇혀 협소하게 산다. 상대적인 다름으로 가득한 땅마음으로 산다. 반면에 성인군자, 지성인 등으로 불리는 대아적인

① 소아 생명체	② 개인주의	③ 다름	④ 이기적	⑤ 국소적	⑥ 다름, 상대성	⑦ 불평 불만	⑧ 개별성
① 대아 생명	② 공동체 주의	③ 조화 로움	④ 양심적	⑤ 시공 초월	⑥ 같음, 보편성	⑦ 충만함	⑧ 초융합, 초연결

사람은 같음으로 가득한 하늘마음으로 지혜롭고 자유롭게 산다.

2) 개인주의와 공동체주의

인간은 '따로 또 함께'이다. 혼자 있으면 왜소하고 외롭고 심심해서 함께 있고 싶고, 함께 있으면 다름과 다름이 부딪히며 홀로 있고 싶어진다.

공동체는 선택이 아니고 운명이다. 가족공동체가 없으면 인류는 멸종해버릴 것이다. 학교나 직장, 지역 등의 공동체에서 고립돼 홀로 살 수는 없다. 생존을 위해서나 행복한 인생을 위해서나 '함께 삶'은 꼭 필요하다.

인민들의 선택에 따라 공동체의 평등한 가치를 더 중시하는 복지사회주의적 진보적 정당이 집권하는 나라가 있고 개인의 자유를 더 중시하는 시장자본주의적 보수당이 집권하는 나라도 있다. 그리고 또 자유와 평등을 함께 지향하는 정치도 있다.

3) 다름과 함께하기

다름과 함께 삶은 피할 수 없는 인간의 숙명이다. 나와 다름과 부딪히며 살 수도 있고 어울리며 살 수도 있다. 다름과 잘 어울리며 행복하게 살기 위해서는 평생 자기성찰이 필요하다. 다름을 이해하고 인정하고 조화롭게 함께 어울리는 마음공부(명상)가 필요하다.

4) 이기심과 양심

인간은 이기심과 양심, 두 개의 이율배반적인 마음을 동시에 가지고 있다. 이기심은 자신의 몸에 이익이 되게 하려는 몸 중심의 몸나 마음이고, 양심은 자기를 넘어 객관적이고 보편적인 자연의 마음 즉 대아다.

이기심은 기본적인 생존욕구에서 시작해 더 안전한 생존, 더 안정된 생존, 나아가 더 안락한 생존에까지 확장되는 의식이다. 무리하게 타인과 경쟁하기도 하고 남에게 피해를 끼치기도 한다. 반면에 양심은 어떤 경우에도 중립을 벗어나지 않는다. 누구의 편도 아닌 중립, 누구에게나 공유되는 보편성이다. 양심은 '무아'無我라 사사롭지 않고 항상 공명정대하다. 양심은 큰마음이고 열린 마음이고 떳떳하고 당당한 밝은 마음이다.

사람들은 세상이 내 마음대로 안 된다고, 자유롭지 못하다고 한다. 하늘을 날고 싶으면 비행기를 만들고, 물속을 다니고 싶으면 잠수함을 만들고, 우주를 가고 싶으면 우주선을 만들면 된다. 불평불만만 하고 있으면 아무것도 이루어지지 않는다. 두드리는 자에게 문이 열린다.

5) 국소적 개별성과 시공을 초월하는 우주의식

나는 형이상적 마음과 형이하적 몸의 이중적인 존재다. 마음은 시공을 초월하나 몸은 시공에 꼼짝없이 묶여 있다. 나의 몸은 우주자연 속에서 잠시 살다 사라지는 점 하나보다 더 왜소하다. 반면에 마음은 우주자연의 전체 정보와 에너지와 연결되고 융합하며 살아간다. 지혜로운 사람은 우주와 내가 한 몸이고 무한한 우주의식인 영혼과 연결돼 있음을 알기 때문에 담대하고 충만한 생명의식으로 살아간다. 우주의식 영혼으로 자유롭고 너그럽게 살기 위해서는 영혼 차리며 살기 명상이 필요하다.

6) 부족함과 충만함

이 세상은 부족한 것 하나도 없이 이미 충만하게 다 갖추어져 있다. 남아서 버려야 할, 쓸데없는 것은 하나도 없다. 이미 원만하게 다 갖추어져 있으므로 온전하게 '완성된 유기체'라고 한다.

건강한 생명만 있고 질병이나 죽음이 없다면 정말로 좋을까? 아무렇게나 몸을 함부로 굴리며 살아도, 높은 데서 떨어져도, 불속에 들어가도 멀쩡할 수 있다면 건강이나 생명은 별로 소중하게 여겨지지 않을 것이다. 죽지 않고 계속 산다면 얼마나 권태롭고 지겨울 것인가. 실제로 나이가 아주 많은 노인은 대부분 사는 게 아무 재미가 없다고, 빨리 죽었으면 좋겠다고 말한다.

흔해 빠진 것은 소중하지 않다. 힘들게 노력해서 얻은 것이어야 귀하고 소중하다. 스포츠 스타나 연예인들은 타고난 소질도 있지만 사람들이 더 많이 관심 가져주길 바라며 열심히, 피나는 노력을 한다. 나와 관객들은 그것을 편하게 즐기면 된다. 잘하면 좋아하고 못하면 안 좋아하면 그만이다. 스타들은 자신을 안 좋아할까 봐 안절부절못한다.

돈 많은 사장님도 결국 나처럼 몸뚱어리는 하나다. 잘 때 필요한 침대는 하나고, 밥도 한 번에 한 끼밖에 못 먹는다. 차도 한 번에 한 대밖에 탈 수 없다. 부자가 값비싼 음식을 먹으며 맛있다, 배부르다 하는 것과 가난한 사람이 값싼 음식을 먹으면서도 맛있다 배부르다고 하는 그 느낌에는 아무런 차이가 없다. 국민소득 3,000달러에 불과한 부탄 사람들은 늘 행복하다고 말한다. 반면에 국민소득이 몇십 배 높은 우리나라나 미국은 불행하다고 말하는 사람이 더 많다.

사장은 망하지 않기 위해 소비자들의 마음에 드는 물건을 만들려고 늘 고심하고 고생한다. 소비자가 왕이다. 아무리 큰 식당도 맛이 없으면 안 간다. 손님이 안 가면 망한다. 정치인에게는 유권자가 왕이다. 선거철만 되면 유권자 마음을 사려고 온갖 노력을 다한다. 안 찍어주면 정치인생이 끝난다.

부자나 유명한 사람이나 권세가 있는 사람이나 모두 나름의 걱정과 불안이 있기 마련이다. 아무 문제가 없다면 오히려 살아갈 욕구가 없는 허망한 인생이 되어버릴 것이다. 긍정적이고 낙관적인 인생관이 행복한 삶의 길 위에 설 수 있는 5대 조건 중 하나다. 긍정적인 인생관을 세우며 살기 위해서는 '온전한 세상'에 대한 깨달음과 명상이 필요하다.

21세기 신인류에게는 자연주의 철학이 필요하다

명상을 하고, 마음을 닦고, 깨달음을 얻으면 대체 내 인생에 어떤 이익이 있다는 말인가? 종교니 명상이니 공부니 돈이니 하는 것이 내 인생에 도움이 되지 않는다면 애써 구할 필요가 있을까? 없다! 인생의 목적은 행복한 삶이고, 행복한 삶에 도움되지 않는 노력은 아무짝에도 쓸모가 없다.

불교나 힌두교에서는 무아와 참나를 찾기 위한 명상과 출가를 높게 평가하면서 현실을 무시하고 폄훼하는 경향이 있었다. 영적인 삶을 강조하면서 혼[몸 마음]으로 사는 삶을 무시하고 외면하라고 가르쳤다 하지만 이제 그런 가르침은 시나리[낡은 것] 되고 있다. 21세기 신인류에게 '생명명상'이 필요한 이유는 생명의 생명체로서, 대아의 소아로서, 전체자의 일 개별자로서, 영과 혼으로 따로 또 함께, 몸과 마음으로 온전하게 살아가기 위해서다.

현대인들에게 있어 행복의 최대 방해꾼은 스트레스다. 스트레스는 저항이고 부자유다. 스트레스는 우울증 등 온갖 정신질환과 연결된다. 명상을 통해 영성을 기르고 영적인 생활을 하면 몸과 마음이 온전하게 건강해질 수 있을 것이다. 허겁지겁, 안절부절못하며 살지 않고 느긋하고 너그럽게 살 수 있게 될 것이다.

종교를 위해 그리고 죽음 뒤의 구원을 위해 인생의 에너지를 희생하는 어리석음을 더는 요구해서는 안 된다. 현실과 괴리되고 현실의 인생에 도움이 되지 않는 과거의 관념적인 깨달음, 내생의 구원론은 스마트한 신인류에게는 어림없는 망발일 뿐이다.

동아시아권에서는 노자와 공자의 통찰적 자연주의 사상을 오랫동안 정신문화의 전통으로 이어오고 있다. 그러나 20세기 과학적 자연주의를 거친 21세기의 통찰적 자연주의는 자연에 대한 과학적 정보들을 함축한 통찰이다. 21세기는 관념론이나 신본주의가 아닌 과학적이며 통찰적인 자연주의 시대이다.

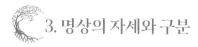

3. 명상의 자세와 구분

명상의 자세

명상의 목적은 어리석고 자유롭지 못한 인생을 넘어 지혜롭고 자유로운 인생을 살고자 함이다. 그 이상의 초자연적인 신비한 능력을 얻고자 한다면 그 또한 소아적인 에고의 허망한 욕심일 뿐이다.

나는 대아의 소아이다. 소아로만 살지 않고 대아의 소아로 살기 위해 명상을 한다. 몸나의 자기중심적인 생존본능이나 이기심은 일부러 공부하지 않아도 저절로 잘 발휘되므로 따로 공부할 필요가 없다. 대아와 소아의 조화로운 인생을 위해 평생 성찰하며 산다는 자세로 명상을 생활화해야 스트레스 받지 않고, 마음 아파하지 않고 평생 행복한 인생의 길 위에서 살아갈 수 있다.

깨달음과 닦음을 통해 어떤 대단한 경지에 다다르고자 함이 아니라 명상 자체가 긴장의 이완이고 힐링이다. 쥐어짜듯이, 목적 달성을 위해 고행하며 닦달하며 하는 명상은 인생에 별 도움이 안 되는 '명상을 위한 명상'이 된다. 지나치거나 모자라지 않은 열린 자세로 소아적인 뇌의식을 대아적인 우주의식(영혼)으로 확장한다는 자세가 필요하다.

닦아버리고 다시 시작하기

컴퓨터를 리셋하듯 모든 것을 지워버리고 처음처럼 다시 시작하라. 소아의 기억을 다 닦아버리면 알 수 있음과 할 수 있음의 생명의식만 남는다. 특정한 기준이나 고정관념이 없어야 사실을 사실 그대로 볼 수 있다. 소아적 아집의 잣대는 보편성이나 객관성이 없다. 원시의 생명의식은 공동체의 생명체 누구에게나 공유되고 공감되는 공통의 의식이다.

아무것도 안 하기 얼음 땡!

아무것도 안 하고 가만히 있을 때, 스스로 생생하게 살아있는 생명의식이 자연의 마음, 원래의 마음이다. 순수한 영혼이다. 그러므로 모든 명상은 원시반본을 지향한다.

명상의 구분

명상을 특성에 따라 깨달음명상, 닦음명상, 의식확장 명상, 집중명상, 깨어있기 명상, 정기명상과 생활명상, 영성지능 기르기 명상 등으로 구분해 볼 수 있다.

1) 깨달음명상

과거에는 깨달음을 얻기 위해 처자식까지 버리고 산속으로 들어가기도 했고, 10년 20년 장좌불와를 하기도 했다. 그리하여 견성을 하고 참나를 찾고 도인이 되고 해탈을 하고 이상적인 성인의 삶을 제시하면서 만인의 공감을 불러일으켰다. 그것이 종교가 되고 시대정신이 되고 인류의 정신세계를 이끌었다.

동서고금의 깨달음을 공부해보면, 인생의 궁극적인 근원은 결국 우주자연의 생명의식인 영혼이다. 세상의 현상계인 우주자연 전체에 무소부재하게 존재하는 것은 우주자연 자체인 삼라만상밖에 없다. 우주자연은 모든 생명체와 생명의식을 살려주는 생명력이다. 살아있는 모든 것들의 근원, 우주자연의 생명의식인 영혼을 잘 아는 게 깨달음이다. 나는 누구인가, 세상은 어떻게 생겼는가 그 근원을 파고들면 결국 영혼과 만나게 된다.

21세기는 뇌의식만으로 살기에는 처리해야 할 정보가 너무나 방대하다. 이제 물질문명 위주의 시대가 지나고 영성문화의 시대에 들어서고 있다. 단 5분 만에 영혼을 확인하는 스마트한 깨달음의 시대가 오고 있다.

보통 사람 누구나 확인할 수 있는 쉽고 간결한 그리고 불가역적인 깨달음을 1억 원에 팔려고 한다. 인생의 보배인 깨달음이 1억 원이면 헐값이다. 수억을 들여도 바꾸지 못할 그대의 인생을 혁신해줄 거룩한 깨달음이 여기에 있다.

깨달음을 이룬 다음 자신의 인생을 통해서 그 빛을 이웃과 나누며 세상을 따뜻하게 할 그대의 인생에 기꺼이 1억 원을 후원하려 한다. 누구든지 마음의 1억 원을 지불하고 진지하게 구해 가시라.

2) 닦음명상

전체성과 개별성이 함께하는 인생을 살면서 갈등을 겪지 않도록 어리석음을 닦는다. 소아적 아집을 닦고 대아적 양심을 차린다. 자기중심적 개인주의를 닦고 공동체적 개인이 된다. 다름으로부터 자유롭지 못함을 닦아버리고 다름들과 자유롭게 어울린다.

이미 완성된 자, 충만한 자, 전체자의 영혼 안에 안주하기 위해, 왜소하고 고단한 자신의 인생을 온전하게 구원하기 위해 소아적인 몸나 마음을 닦는 명상이 필요하다. 이해되지 않고 인정되지 않아 저항했던 억눌린 감정들은 기억되고 저장되며 잠재의식이 된다.

기억을 떠올려 다 지워버리는 명상을 하면 잠재의식이 없는 순수한 의식만 남게 된다. 맨 처음의 순수한 정신은 원초적으로 지혜롭고 자유롭다.

3) 의식을 확장하는 명상

몸나의식(뇌의식)을 우주의식으로 확장한다. 우주자연과 나는 한 생명이다. 한 마음이다. 몸 안에 마음이 있지 않고 마음 안에 몸이 있다. 우주의식은 무아이다. 무아는 모두가 나인 초자다. 대아다. 우주인 되기, 우주의식 차리기, 호연지기 기르기 명상이 필요하다.

자기중심적인 아집의 생각들은 아무도 공감하거나 공유하지 않는다. 아무도 공감해주지 않는 생각들은 무시당하며 허공에 사라져 버린다. 내 안의 양심은 무아이므로 보편적이다. 보편적인 생각은 만인이 공감하고 공유할 수 있다. 보편성은 시공을 초월한다. 이기심을 닦고 양심을 기름이 수양이다.

의식을 확장하면 사소한 일에 일희일비하지 않게 된다. 좀스럽지 않은 담대한 사람, 꽉 막힌 사람 말고 열린 사람, 까칠하지 않고 너그러운 사람이라고 인성을 평가받을 것이다.

온갖 스트레스에 시달리지 않게 호연지기 기르기가 필요하다.

4) 집중명상

방황하고 표류하는 온갖 생각들을 멈추고 하나에 집중하는 명상이다. 호흡, 요가, 만트라, 절, 향기, 춤, 화두, 기도 등이 있다. 긴장과 흥분 상태를(교감신경 활성) 이완시켜 평화롭게(부교감 신경 활성) 할 때도 응용할 수 있다. 명상을 시작할 때는 먼저 흩어진 마음을 한곳에 모으는 집중명상이 필요하다.

5) 깨어있기 명상

1분에 1,300단어로 하루 5만 가지 생각으로 쓸모없는 망상에 빠져 표류하고 방황하는 참새 같은 뇌의식을 멈추고 온전히, 차분하게 우주인 자세로 깨어있기 명상이다. 마음 보기, 마음 챙기기, 정신 차리기, 깨어서 생각하기, 깨어있는 힘 기르기 공부다. 화가 나거나 짜증이 나고 스트레스를 받을 때마다 일단 멈춰서 정신을 차리고 깨어있기 명상이 필요하다.

6) 정기명상과 생활명상

계획을 세우고 적당한 장소와 시간을 정해서 명상을 하는 것이 정기명상이고, 일상생활 속에서 어리석음이 느껴질 때, 화가 날 때, 스트레스가 일어날 때마다 멈추고 깨어서 직접 지혜로운 마음을 챙기는 것이 생활명상이다.

차를 타고 이동할 때나 단순 반복작업을 할 때, 걸음을 걸을 때 등 생활 속에서 깨어있는 힘 기르기 명상을 하면 온전한 인생을 살아가는 데 큰 힘이 될 수 있다.

7) 영성지능 기르기 명상과 실용명상

명상의 힘이 부족하면 과거의 생활습관을 이기지 못한다. 힘 기르기는 정기명상 시간에 주로 하지만, 일상생활에서도 깨어있는 각성 연습을 자주 해야 한다. 구하는 만큼, 두드리는 만큼 구해지고 열린다. 노력하는 만큼 인생이 바뀌고 불행에서 구원되고 행복의 길에서 살게 된다. 죽은 뒤에 내생의 구원이 지금 괴로운 나에게 무슨 도움이 되는가. 종교시설이나 종교집단 속으로 갈 필요가 없다. 지금 여기에서 그냥 나의 마음으로 확인하는 영혼, 그 영혼에 동참하고 안주함이 온전한 인생 구원이다. 어리석고 고통스러운 지금 여기에서 인생의 구원을 위해 명상을 한다.

영혼 차리며 살기

영: 생명의식, 전체성, 무아의 지공무사한 절대의식, 순수한 의식,
      우주의식, 하늘마음, 우주자연의 정보, 대아, 정신.

혼: 생명체의식, 개별성, 몸나 중심의 뇌의식, 상대세계의 땅마음,
      정신, 마음, 소아.

영혼: 우주의식, 생명의식, 의식의 바다, 전체성과 개별성, 모든 앎과 함,
      우주자연의 정보와 에너지.

아집: 자신의 몸을 세상의 중심으로 여기며 자신의 생각과 기준을
      고집하고 집착함.

영혼은 무소부재하고 시공을 초월하는 보편성이므로 동서고금을 통해 서로 다르지 않다. 영혼은 모든 생명체의 처음이요 끝이다. 생명체들의 유일한 구원처다. 하나뿐이라 절대자다.

인류는 원시시대부터 영혼에 대한 인식이 있었고, 여러 가지로 이미 지화하며 경외해 마지않았다. 신령스러운 영, 신령스러운 혼, 마음, 정신…. 끊임없이 무에서 새로운 앎이 일어나게 하는 생명의식, 끝없이 연결되고 융합되는 우주자연의 의식이다. 살아있으며 초연결, 초융합하고 있으므로 신령스럽다고 한다.

물은 이슬방울도 되고 비가 되어 내리기도 하고 강으로 흐르기도 하고 바다가 되기도 한다. 세상과 만나 술도 되고 핏물도 되고 하수도 물

이나 흙탕물도 된다. 순수한 증류수로도 된다. 물은 생명이다. 한 방울도 물이고 바닷물도 물이다. 영혼도 크게 다르지 않다. 영혼은 모든 생명체의 의식이다. 우주의식도 영혼이고 한 마리 벌레의 생명의식도 영혼이다.

하나의 생명체인 나에게는 생명체만큼 국한된 영혼의식이 있다. 몸나의식(기억, 경험, 잠재의식)이 사라짐이 무아이고, 무아 상태에서 깨어 있는 의식이 대아의 영혼이다. 순수한 영혼은 무한한 가능성을 가지고 있다. 하나의 생각은 그 생각만큼만 가능성이 국한된다. 아무것도 안 하고 가만히 있어도 '나'라는 생각과 상관없이 스스로 살아있는 생명의식이 영혼이다. '나'라고 하는 생각은 영혼 속에서 일어났다 사라지는 수많은 생각 중 하나다. 그 생각만 멈추면 바로 대아적인 영혼이다. 세상의 모든 앎과 함은 영혼의 작용이다.

영혼은 온라인이고 각 개인의 의식은 하나의 휴대폰이다. 하나의 월드 서버에 온라인의 세계가 펼쳐져 있고, 각 개인은 컴퓨터나 휴대폰으로 온라인에 연결해서 각자 필요한 정보를 찾거나 소통한다. 온라인 자체는 무다. 하지만 온라인으로 표현되는 프로그램과 개인의 생각들이 에고이고 아집이다. 이 모든 개인과 캐릭터가 모여서 전체 온라인을 이룬다. 아무도 온라인에 접속하지 않으면 온라인은 텅 빈 공간이 될 것이다.

끝없이 연결되고 지극히 공정한 영혼[大我]을 불가역적으로 확인함(자명하여 다시는 의혹이 일어나지 않음)이 깨달음이다.

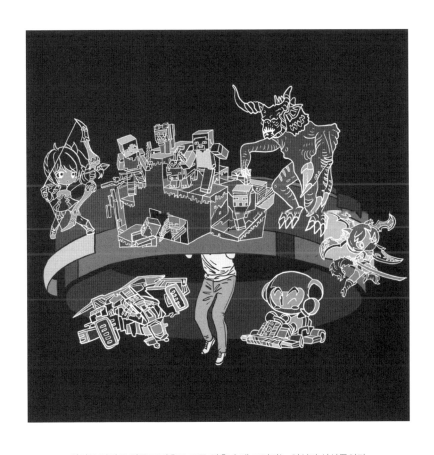

천사도 악마도 천국도 지옥도 모두 영혼 속에 그려지는 인식과 상상들이다.
온라인은 무한한 의식의 공간이다.
자신의 캐릭터도 마음껏 상상하여 표현하며 활동할 수 있다.
영혼 속에서 가상현실과 현실은 어떤 차이가 있을까?

소아적 아집 멈추고 대아적 영혼 차리기, 일단 멈추기, 다 내려놓기, '아무것도 안 하기 얼음 땡!'을 자주 한다. 그렇게 소아적 아집을 냉동시켜 버린다. 해빙되어 참새처럼 짹짹거리면 또 냉동시킨다. 또, 또, 자꾸 한다. 협소한 뇌 속이 아니라 하늘에 의식을 차린다. 하늘마음이 된다. 더 느긋하게 더 너그럽게.

21세기 신인류인 나는 우주에서 살고 있는 우주인이다. 우주인의 표정을 지으며 우주인의 태도로 우주의식인 양심을 차리며 산다. 이렇게 자꾸 하면 영성지능의 힘(내공)이 길러진다.

명상은 과학이고 의학이다

미국의 존 카바진Kabat-Zinn은 불교 명상을 공부한 후 마음챙김(MBSR)이라는 명상 프로그램을 개발하고, 1990년에 〈마음챙김〉이라는 책을 펴냈다. 그 책은 400만 부나 팔리며 널리 전파되었다. 오늘날 많은 병원이 만병의 원인인 스트레스와 우울증, 만성통증 등의 질병 치료에 MBSR명상을 처방하고 있다. 그리고 마음챙김의 치유효과가 신비한 현상이 아니라 검증 가능한 과학적인 사실임을 여러 뇌과학자와 정신의학자들이 입증해주었다. 명상의 효과와 명상을 통한 뇌의 변화에 대해 1,000편 이상의 논문이 발표되었다.

21세기에 명상은 심리상담이나 정신과 치료와 함께 행복한 인생, 웰빙과 힐링, 영성지능 개발 등에 없어서는 안 되는 중요한 영역으로 자리 잡고 있다.

    명상은 굴뚝이 없는 산업이다. 많이 할수록 인류가 건강하고 행복해지는 다다익선의 웰빙과 힐링 산업이다. 인간은 원초적으로 종교를 필요로 한다. 장엄하고 찬란했던 종교 문명의 역사를 보라. 모두 인간의 마음이 빚은 생산물들이다.

    물질은 20세기에 이미 개벽(혁신)되었다. 이제 정신을 개벽할 차례다. 마음의 행복을 위한 명상 치유 서비스, 명상 프로그램 개발과 배포, 명상교육 등이 온라인과 오프라인에서 무궁무진한 정신문화 산업으로 펼쳐지면서 종교의 역할을 대신하게 될 것이다.

    인류는 18세기에 르네상스를 거치며 신으로부터 해방되었다. 21세기는 종교로부터 해방되어 스스로 직접 영성을 차리며 사는 제2의 르네상스를 꽃피우게 될 것이다. 미국에서는 이미 상당한 규모의 명상산업이 전개되고 있으며 매년 빠른 속도로 증가하고 있다.

    존 카바진 등이 선도하는 마음챙김 명상을 수많은 학자들이 연구하며 생활의 여러 분야에 적용해 나가고 있다. 의학과 인성교육, 웰빙 등 다양한 분야에 적용되는 750개 이상의 실용 프로그램이 개발 보급되었고, 학교에서도 정식 교과로 채택되고 있다.

    과거 서구에서는 영적인 삶을 살기 위해서 교회와 가정과 학교에서 성경공부와 기도를 했다. 동양에서는 공자와 부처의 말씀과 명상을 공부했다. 21세기에는 통찰적 자연주의 사상 속에서 명상공부를 통해 인생을 영적으로 너그럽게 사는 마음의 치유와 구원을 지향하게 될 것이다.

마음챙김(MBSR)이 서구에서 수많은 명상 프로그램의 지침서 역할을 하였듯 〈인생의 정석〉에 담겨있는 인생인문학의 기본 골격을 활용해서 다양한 명상과 인성교육 프로그램들이 활발하게 개발되기를 기대하는 바이다.

현대인을 괴롭히는 최대의 질병은 스트레스라고 할 수 있다. 수요가 있으면 공급이 따른다. 스트레스를 해소하고 힐링으로 안내하는 명상 산업의 수요가 증가하고 있는 시대다.

스트레스와 교감신경, 부교감신경

현장 중심의 뇌의식이 무한한 우주의식의 빛을 가려버린다. 인간과 짐승의 뇌에 공통적으로 있으면서 생존욕구를 담당하는 작은 편도체 '아미그달라'와 교감신경이 활성화되면 자기 몸의 생존을 위해, 죽음에 저항하기 위해 온몸으로 과잉반응을 하게 된다. 이것이 반복되고 습관이 되면 사소한 일에도 스트레스를 받고 화를 내게 된다. 명상을 통해 부교감신경을 활성화시켜 차분하고 너그럽게 인식하고 판단하는 지성적인 인성으로 교정해야 한다.

스트레스는 생리적으로 교감신경을 활성화시켜 아드레날린 등을 분비하고, 혈관을 수축시키는 등 온몸을 긴장시켜 불면증, 정서불안, 우울

중 등을 유발한다. 동맥경화, 심근경색, 뇌졸중 등 혈관장애의 원인이 되기도 한다. 또 내장기관의 활동을 억제하고 근육 쪽으로 혈액을 많이 보내서 온몸으로 전투준비를 하게 된다.

반대로 부교감신경이 활성화되면 맥박은 느려지고 호흡은 가늘어지며 식욕이나 성욕은 증가하고 소화기능이 촉진된다. 이처럼 부교감신경은 신체를 이완시키고 정서적으로 느긋하게 함으로써 느긋하고 너그럽게 생존할 채비를 하게 한다.

명상을 하면 부교감신경이 활성화되고 저항(스트레스)을 하면 교감신경이 활성화된다. 짐승처럼 생존을 위해 온몸으로 저항하며 스트레스 받지 말고, 지성인처럼 영성을 차리고 늘 몸과 마음을 느긋하고 건강하게 살기 위해서는 평생 명상이 필요하다.

4. 생명(영혼)명상

생명(영혼)명상이란

이 세상 자체가 아무 부족함 없이 이미 완성된 생명체들의 생활환경이라고 보고, 원래 온전한 생명체로서 지혜롭고 자유로운 행복한 인생을 위한 명상 공부다. 죽은 뒤에 말고 지금 여기에서 인생의 완성인 구원과, 나와 공동체의 이상인 다 함께 행복한 지상낙원을 추구한다.

'생명명상'은 현대인이라면 누구나 어렵지 않게 이해하고 확인할 수 있는 자연의 생명과 생명현상을 중심으로 공부한다.

힌두교의 명상은 참나와 일치되는 아라한이 되는 것을 목표로 한다. 불교의 명상은 무아의 마음으로 해탈과 열반에 머무는 것을 목표로 한다. 아라한과 열반 모두 세속적인 현실 생활에 머물거나 집착하지 않아야 한다고 가르친다. 현실세계를 참이 아닌 허구라고 무시하라 한다.

생명명상은 현실생활을 떠난 열반을 추구하지 않는다. 지혜롭고 자유롭고 성실한 현실생활을 통해 힐링·웰빙 구원을 추구한다. 절대자이고 진리인 우주자연 전체와 함께 공명하는 생명을 중심으로 하는 명상이다.

파도는 먼 바다에서부터 이 바다에까지 이어진
전체 바다가 공명(파동)하는 것이다.
하나의 어떤 생각은 온라인에서 큰 공명을 일으키기도 한다.
내 앞에서 일어나는 상황들을 세상의 공명(파동)으로 느낄 수 있다면
가히 명상의 달인이라고 할 수 있을 것이다.

생명명상은 이론과 체험 두 가지 공부를 함께한다. 이론은 나와 세상의 실제 정체를 간결하게 정리한, 인생을 지혜롭게 살기 위해 알아야 할 철학적 지식이다.

이론 없이 체험만 공부하면 체험의 힘이 약해지고 인생에서 마주하는 다양한 현실을 다 이해하지 못해서 계속 스승이나 안내자가 필요하게 된다. 과거의 종교에서 평생 신자가 되어 스님이나 목사를 찾게 되는 것과 같다. 그러나 이론을 체득하고 깨달은 사람은 스님이나 목사처럼 다른 사람을 안내할 수도 있게 된다.

생명 '나' 확인하기 명상

모든 생각과 행위를 일단 멈추고 아무것도 안 하기, 얼음 땡!

수고하고 버거운 인생의 짐을 그냥 내려놓고 나는 얼음이 된다. 시간은 5분~10분으로 하되 자신의 지혜로운 판단에 따라 정한다.

5분간 아무것도 안 하기, 얼음 땡!

5분간 아무것도 안 하고 그냥 있으면서 나와 상관없이 스스로 생생하게 살아있는 생명과 생명의식을 확인한다. 내 몸과 마음이 아무것도 안 하고 가만히 있어도 내 생각과 의지와 상관없이 스스로 생생하게 살아있음이 생명이다. 심장이 뛰고, 숨을 쉬고, 들리고, 보이고, 느껴진다. 의식은 알 수 있음이다. 스스로 보이고 들리고 느껴지는 것이 생명의식이다. 보라! 또렷이 보라! 생생하게 살아있는 생명의식을. 생명은 모든 것들의 맨 처음 시작, 원시다. 모든 것은 생명으로부터 살아있게 된다. 죽음은 암흑이다. 그렇다! 나의 근본 정체는 살아있음 생명이다.

몸나(소아)가 아무것도 안 해도 내안에 스스로 살아있는 또 다른 나. 몸나(뇌) 의식은 무한한 우주 정보의 극히 일부분만을 몸으로 인식하며 살면서 몸으로 체험한 기억과 정보를 나라고 하고 있을 뿐이다.

생명보기 명상은 원시인 되기 명상이다. 자주 원시인 되기 명상을 해서 늘 처음처럼 새롭게 싱싱하게 살아야 한다. 컴퓨터에 가득한 정보를 다 지워버리면 새 컴퓨터가 되는 것처럼.

생명 깨달음 가이드 명상

매일 신새벽에 5분씩 명상하기

조용히 눈을 감고 음성 안내에 집중한다. 안내자 또는 스스로 명상문을 읽거나 녹음하여 들으며 한다. 〈인생의 정석〉을 참고하며 더 자세히 또는 더 간결하게 스스로 가이드 명상문을 작성해보자.

가이드 명상문(예문)

- 당신은 누구입니까?

살아있는 생명체입니다. 나는 살아있음으로부터 시작되고 죽음으로서 끝이 납니다.

-지금 당신의 생명체를 누가 살려주고 있습니까?

지수화풍 우주자연이 살려주고 있습니다.

- 당신은 어떻게 생각을 합니까?

알 수 있는 생명체의식이 세상의 정보들을 인식하고 기억하고 연결하고 융합하는 게 생각입니다. 느낄 수 있음(의식)과 느낄 것(정보)이 짝이 되어 하나의 앎이 일어나고 생각이 생겨납니다.

- 생명의식이 무엇입니까?

마음, 정신입니다. 앎과 함, 지혜와 자유입니다. 우주의식 영혼입니다.

무엇을 알 수 있습니까?

- 세상의 빛, 소리, 맛, 냄새, 느낌 등이 연결되고 융합된 자연의 정보들을 알 수 있습니다.

생명체들은 모두 자연의 생명력에 의해 생겨나고 지금도 살려지고 있고, 자연의 생활환경 속에서 함께 생활하고 있는 모두 한 형제 자매인 동포입니다. 세상에 남이란 없습니다. 생명체의식(마음)은 우주자연의 무한한 정보와 에너지와 연결돼 있습니다. 무엇이든 알 수 있고 할 수 있습니다.

나는 원래 지혜롭고 자유로운 온전한 생명체입니다.

생명 관련 언표의 개념 정리

| 생명 |

죽음에 반대되는 살아있음의 총체적이고 포괄적인 개념. 생명현상, 생활, 생명체, 생명력, 생명의식을 모두 포괄하는 언표다. 우주자연의 본성이다. 생명은 생명체의 앎과 함으로 나타난다.

| 생활 |

멈춰 있는 생명체는 없디. 시간 속에 살아서 활동하는 생활함이 생명의 모습이다. 생활하기 위해서는 생활환경이 필요하다. 세상 전체가 생활환경이다.

| 생명체 |

우주자연의 생명과 연결된 몸과 의식을 가지고 스스로 생활하는 생명현상.

| 생명력 |

모든 생명체가 생겨나게 하고 살아가게 하는 총체적인 힘. 생기, 생명에너지.

| 생명의식 |

영혼, 생명체를 활동하게 하는 앎과 함.

| 생활환경 |

우주자연 전체가 생활환경이다. 에너지와 정보로 전개되어 있다.

생명명상의 효과

동서고금을 통해 보편적이고 객관적인 사실인 나와 세상의 정체를 알게 된다. 나와 우주자연 전체가 분리될 수 없는 유기적인 하나의 생명체임을 알게 된다.

나의 인생이 생명을 고리로 우주자연과 연결되고 융합되며 함께 공명하고 있는 거룩함을 느끼게 된다. 나의 인생과 우주자연 전체는 함께 이미 온전하게 살아있음을 느끼게 된다. 인생의 구원에 닿을 수 있는 근거가 된다.

우주의식과 뇌의식이 연결되어 있음을 알게 된다. 우주의식이란 우주자연의 물질적 정신적인 모든 정보를 말한다. 개별 정보, 연결되고 융합된 정보, 동영상 정보, 스토리 정보, 창의적인 정보, 영감, 자연의 법칙 등.

생명철학은 21세기의 스마트한 깨달음이다. 나를 생명이라고 이해하게 됨으로써 뇌의식이 우주의식으로 확장될 수 있게 된다. 너의 생명과 나의 생명의 뿌리가 다르지 않으므로 경쟁관계가 아닌 동무관계로 전환될 근거가 되고 동기가 부여된다. 인성교육의 기본이 된다.

동서고금 모든 생명체의 뿌리는 우주자연이다. 모든 생명체의 어버이는 오직 하나 우주자연이다. 한 형제 한 동포임을 쉽게 확인할 수 있다. 지구촌 전체가 경제적인 세계화를 넘어 정신적인 세계화를 이룰 수 있는 동기가 된다. 모든 생명은 원초적으로 평등하다. 높은 생명 낮은 생명이 따로 없다. 이념과 종교와 빈부 차이를 넘어 이제 지구촌은 하나의 영성(생명) 공동체 문화를 건설하게 될 것이다.

생명 확인하기 보조명상

1) 물명상

　물은 생명이다. 내 몸이다. 하루 정도 물을 마시지 않으면서 물이 생명임을 느껴본다. 물을 마실 때마다 '물은 생명입니다. 나를 살려주고 있습니다. 내 몸의 75퍼센트는 물입니다' 하며 자연 속에서 물이 흐르고 순환하며 나를 비롯한 온 생명체를 살리고 있음을 명상한다.

2) 숨명상

　숨을 2분간 참으면서 숨이 내 생명과 온 세상의 생명을 살려주고 있음을 확인한다.

　우주자연에 가득한 공기 전체가 생명력이다. 천천히 길게 쉬는 숨에 집중하며 생명의 기운이 들어와 뇌와 온몸을 살려주고 있음을 느껴본다. 내가 뱉는 숨은 식물들이 먹고, 나는 식물들이 뱉는 숨을 들이마시며 산다. 숨은 온 자연에 가득 흐르고 흐른다.

　숨명상에는 단전호흡이 도움이 된다. 의식을 단전에 집중하면서 집중력 기르기 수련을 한다. 호흡이 길어지면 의식과 몸도 이완되고 안정된다. 지속적으로 하면 부교감신경이 활성화된다.

3) 음식(땅)명상

하루 동안 금식하며 음식이 성장과 생명 활동의 에너지임을 확인한다.

음식을 먹을 때마다 '이 음식은 내 생명입니다. 지수화풍 생명력이 융합되어 수많은 동무들의 수고함으로 내 앞에까지 왔습니다. 이제 나의 생명력 되어 다 함께 행복한 낙원건설에 소중한 힘으로 사용하겠습니다' 하며 감사한다.

음식은 땅에서 온다. 지구촌의 모든 생명을 품고 살게 하는 땅의 역할에 대해 명상한다. 땅은 물을 품고 햇빛을 품어 온 생명을 살린다. 땅의 다양한 존재와 정보를 인식하며 살아간다. 땅은 생명체의 생활환경이다. 생활환경이 없으면 생명체도 없다.

4) 빛명상

'태양의 빛과 온기가 나를 살려주고 있습니다. 온 세상의 생명을 살려주고 있습니다.'

태양이 없다면 어떻게 될까 명상한다. 태양의 역할과 생명체의 관계에 대해 명상한다. 태양의 온기가 없으면 모두 얼음이 되어 어떤 생명도 살 수 없을 것이다. 시각적 정보는 빛으로 온다. 빛이 없으면 암흑이다. 암흑 속에는 시각적 앎이 없다.

500억 광년 밖의 별은 소리도 없고 냄새도 없고 만질 수도 없지만 500억 광년을 직진해오는 별빛이 있어 별의 정보를 알 수 있다. 원자도 원자의 입자도 빛으로 표현된다. 빛이 없으면 현미경으로도 망원경으로도 볼 수 없다. 영혼은 앎이다. 앎은 빛과 함께 온다.

온전한 인생을 위한 생활명상

이-인-자 명상

소아적 아집이 저항(스트레스)하려 할 때, 마음이 평화롭지 못하고 불편할 때마다 '어! 스트레스' 하며 정신을 차린다. 일단 멈춘다. 심호흡을 한번 한다. '아-저-부 얼음 땡!' 하고 '이-인-자' 한다.

이: 이해하고-평가하거나 판단하지 않고 이유(사실) 알아보기. GPS의 눈으로 보기(지혜로움)

인: 인정하고-자연의 섭리를 따라 이미 일어난 세상의 현상임을 인정하기 (세상으로부터 자유로움)

자: 이해하고 인정한 다음 나 하고 싶은 대로 하기(나로부터 자유로움)

아: 아집을 세우고-지혜롭지 못하고 편협함. 자기중심적인 고정관념, 선입견, 잠재의식

저: 나와 다름에 저항하기-자유롭지 못함

부: 부딪힘-평화롭지 못함, 스트레스 받음

아플 때 아픔을 이-인-자 하자. 아직 불행에 빠지기 전에 이-인-자 하

자. 화가 날 때 화내지 말고 이-인-자 하자. 스트레스가 올 때 저항하지 말고 이-인-자 하자. 자유롭지 못할 때 이-인-자 하고 자유로워지자.

스트레스란 나의 저항이다. 이해가 안 되고 인정이 안 될 때 저항이 일어난다. 큰 저항은 기억되고 잠재되어 다시 또 저항하게 하는 힘으로 쌓인다.

이해가 되고 인정이 되면 저항이 일어나지 않는다. 저항하지 않으면 잠재의식으로 쌓이지도 않는다. 생명체의 생존본능은 생명체를 지키는 전사이다. 아-저-부 하는 속성이 있다. 생명본능은 다 함께 조화롭게 어울려 삶이다. 그대는 인생을 저항하며 살 터인가 어울리며 살 터인가? 이해함이 지혜이고 인정함이 자유이다. 지혜롭고 자유로운 인생이 인생의 정석이다.

이해를 잘하기 위하여

나와 다른 사람들의 생각과 행위들을 다 이해하기가 처음에는 수월하지 않을 것이다.

처음에는 이해할 수 있는 만큼만 이해한다. 점점 더 깊이 이해하기 위해 노력한다.

자꾸 이해하려 노력하면 점점 더 잘 이해하게 되는 자신을 발견하게 될 것이다.

지혜롭고 자유로운 온전한 인생은 이해를 잘하느냐 못하느냐에 달려있다고 할 수도 있다.

이해의 근거와 원칙 명심하기

"세상의 모든 현상은 반드시 자연의 이치를 따라 일어났다 사라진다. 고로 당연한 것이다."

"세상에 이해할 수 없는 일은 없다. 내가 아직 그 이유를 모르고 있을 뿐."

다양한 이해

긍정적 이해 - 내가 다 알지 못하는 이유가 있겠지 하며 추정적으로 이해하기.

감각적 감정적 이해 - 접하거나 보는 즉시 느껴지는 감각적 정서적 이해.

과학적 이해 - 구체적인 이해. 평판(평가와 판단)하지 않고 객관적으로 관찰하기.

철학적 이해 - 자아정체관 세계관의 기본적인 이해와 연결하기. GPS로 보기.

아집의 이해 - 자기중심적인 이해. 자신의 기준, 선입견, 고정관념, 경험 등을 세상의 기준(잣대)으로 여기며 평가하고 판단함.

나와 다름으로 이해하고 인정하기 - 삼라만상과 모든 생명체들의 DNA

는 다르다. 생명체들은 DNA에 새겨진 대로 산다. 상대적인 땅 위에서 성장 배경과 생활환경이 각자 다르다. 세상에는 별의별 일이 다 일어날 수 있다.

상대와 나의 생존본능 이해하기 - 먹이를 탐하는 이기적인 탐욕의 속성. 먹이와 적을 공격하는 폭력성. 생존의 피해에 저항하며 분노하는 속성. 몸을 중심으로 인식하므로 협소하고 편협한 어리석은 속성. 자신의 우선적인 생존을 위해 경쟁하는 속성.

모든 현상은 흘러가 버린다 - 세상은 흐르는 시간 속에서 쉬지 않고 변한다. 강물은 흐르고 흘러 결국 바다에 이른다. 바닷물은 다시 강으로 흐르지 않는다. 기쁨과 슬픔도 사랑과 미움도 흘러가 버린다. 사소한 일에 목숨 걸지 않기.

이해의 한계 - 모든 것들은 초연결 초융합되며 있다. 하나의 상황으로 분리하지 말고 세상의 공명(파동)으로 더 너그럽게 이해하라.

완벽하게 이해하기는 원초적으로 어렵다. 이해하려고 노력하는 만큼, 지혜가 열린 만큼 지성인답게 이해할 수 있을 것이다. 초등생의 이해하기, 중고등생의 이해하기, 대학생의 이해하기, 노인의 이해하기, 여자와 남자의 이해하기가 다를 것이다. 그러나 영성본능의 이해는 모두가 같다. 이해를 가장 잘하는 사람을 성인(聖人)이라고 칭송한다.

단정적으로 생각하거나 말하기를 삼가라. 모든 사실은 연결되고 융합되며 있으므로.

이-인-자 인생일기 쓰기

날마다 '아-저-부' 한 내용과 '얼음 땡' 하고 '이-인-자' 한 내용을 일기로 정리하며 마음공부를 한다. 동무들과 일기 나누기를 하며 자신만의 공부를 넘어 더 넓은 마음이 된다. 선생님(인생 멘토)과 함께 마음을 나누며 이-인-자 공부가 더욱 성숙해지도록 한다.

일기를 쉬지 않고 진지하게 쓰는 만큼 스트레스가 줄어든다. 화, 미움, 우울증, 절망감 등 아프고 불편한 심리적 장애들을 객관적으로 헤아리며 이해하게 되고 스스로 극복할 수 있게 된다. 인간관계의 갈등을 일기에 정리하며 자신을 성찰하게 되고 동무관계를 잘 맺을 수 있게 된다. 자신의 인생을 진지하게 성찰하며 행복의 길에서 미끄러지지 않고 행복하게 건실하게 살아가게 된다. 자신의 마음을 스스로 성찰하는 역량이 자라게 되고, 하루 동안의 마음과 생활을 잘 간추려서 표현하는 표현력을 기르게 한다. 일기 쓰기를 통해 생활 속에서 자아정체관과 세계관, 인생관을 더 또렷하게 확인하고 정립해 나가도록 한다. 더 성숙한 지성인이 되어간다.

마음은 눈에 보이지 않아 마음공부를 잘하는지 못 하는지 알 수가 없다. 일기를 쓰면 생활 속에서 어떻게 마음을 사용하는지 알 수가 있고 격려하고 지도해줄 수도 있게 된다. 공부와 직장생활이 힘들어도 행복을 위해 기꺼이 감수하듯, 날마다 일기 쓰기가 버겁겠지만 소중하고 행복한 인생길을 보살핀다는 마음으로 한다면 충분히 보상을 받을 것이다. 구하라. 두드리라. 구하는 만큼 두드리는 만큼 얻을 수 있을 것이다.

너그럽게 이해하기

'저 사람도 나처럼 행복하게 살려고 애쓰고 있다' '저 사람도 나와 똑같은 우주자연의 생명체이다' '똑같은 생명의식이다' 하면서 동포애 발휘하기. 부정적으로 이해하지 말고 긍정적으로 이해하기.

부정적으로 보는 습관이 쌓이면 세상이 지옥으로 보인다. 긍정적으로 보는 습관은 세상을 낙원으로 보게 한다. 고요한 곳에서 아무리 명상을 많이 하고 명상의 힘을 길러도 생활 속에서 활용되지 않으면 인생에 무슨 이익이 있겠는가?

생활현장에서 화내기 전에, 스트레스 받기 전에, 아직 늦기 전에 지혜롭게 이해하고 자유롭게 인정하기.

지성인(우주인)의 생활자세 구호
하늘을 보며
"나는 우주인이다!" "느긋하게 더 너그럽게!"
언제나 느긋하고 너그러운 우주인 표정 짓기.

명상은 법으로 정해지거나 일정한 기준이 있는 게 아니다. 명상의 취지를 알고 원리를 알면 누구나 자기에게 필요한 명상 프로그램을 만들어서 활용할 수 있다. 많은 사람이 선호하는 기존 명상법을 응용하며 따라 할 수도 있다. 요즘은 유튜브에도 명상을 안내하는 다양한 영상들이 올라와 있다. 그중에서 필요한 영상을 선택해서 활용할 수도 있을 것이다.

지혜롭고 자유로운 몸과 마음으로, 우주인으로, 전체에서 개별자로, 개별자에서 전체로 어울리기, 순환하기. 다 함께 행복한 낙원을 위하여. 어디에서 무슨 일을 하며 살든, 이미 동포로서 동무로서 동포와 함께 동포를 위하여 일하며 살고 있다.

인생에서 가장 가치 있는 일은 나 홀로 말고 다 함께 행복한 낙원을 만드는 삶이다. 나의 본성이요 본능인 전체성을 회복하는 온전한 삶의 태도다. 분리되고 독립된 개별자로서 사는 것은 온전하지 못하고 행복하지 못한 어리석은 삶이다.

구원명상

이 세상은 이미 온전하다. 왜소한 몸의식으로 잔뜩 걸머진 세속의 온갖 버거운 짐을 내려놓는다. 방 안에서 방 밖으로 나오듯, 스스로 갇혀 있는 생각의 터널에서 터널 밖으로 나온다. 생각의 터널 밖은 영원하고 무한한 생명의식 영혼이다.

새벽에 또는 조용할 때, 자신에게 필요한 만큼 구원명상을 한다.

1) 구원의 주문, 멈춤(스톱)

"아무것도 안 하기 얼음 땡!"

아무것도 안 하고 온전한 생명의식으로 있는다.

아무것도 안 하면 소아의 모든 문제가 동시에 멈추고, 사라지고 무아의 생명의식만 가득하게 된다. 함은 소아(생명체)가 한다. 함을 쉬면 무엇이든 할 수 있는 생명의식이 또렷하게 살아있다. 소아의 생활을 멈추니 소아의 모든 두려움과 걱정이 함께 멈춘다. 담담하다.

우주자연은 원만구족하고 원융무애하다. 아무것도 하지 않고 있는 나는 온전한 생명체다. 나는 우주 한가운데서 우주의 생명력 속에서 살아있다. 영원하고 무한한 우주생명과 하나 되어 지금 여기에서 생생하게 살아있을 뿐 더 이상 오고 갈 것이 없도다!

드디어 와 닿았다, 안온한 항구에. 인생의 마지막 도착지, 온전한 살아있음. 지금 여기 이대로 흔쾌히 충만하도다.

소아가 방황하며 힘들 때, 언제든 멈추고 버거운 짐 다 내려놓으라. 생명의 영혼에서 편히 쉬게 되리니. 무념무상 무아의 담담함. 온 우주와 내 마음에 가득한 영원한 생명의식의 생생함을 체험(감동)해보자. 소아가 멈추니 고요하다. 살아있으니 생생하다. 너와 내가 따로 없으니 천지가 내 집이다.

생명체의식이 느낄 수 있는 최고의 의식상태는 어떤 의식일까?

더 위가 없는 최상의 의식은 우주의식 영혼이다. 영혼은 무아다. 일희일비하는 소아의 쾌락과 고통을 넘어 안전하고 평화롭고 부족함이 없는 충만함은 언제나 영혼 속에 차려져 있다. 누구든지 언제든지 소아의 아집을 멈추고 영혼 속에 들어가서 쉬면 된다. 영혼 속에서 쉼이 최고의 구원이다. 영혼은 하나뿐이라 절대자이다. 영혼 말고 또 어디에서 구원을 누린다는 말인가?

일어나서 새벽마다, 정기적으로 명상 시간을 정해놓고 본격적으로 구원의 내공 기르기. 또는 생활 속에서 때때로 멈추고 구원명상에 몰입한다. 그리고 방전된 생명에너지를 재충전하여 마치 처음처럼 일상생활에 활기차게 임한다. 우주인의 마음으로.

구원명상을 계속하면 구원의 힘이 점점 커져서 인생을 가득 채우게 된다. 천국과 지옥은 내 마음속에 있다. 마음의 자유 마음의 행복 누구나 언제나 스스로 누릴 수 있다.

2) 구원

이 세상에서나 저 세상에서나 더 이상 오고 가며 구할 것 없이 지금 여기에 언제나 충만한 영혼, '나'의 마음은 영혼이다. 이미 온전하게 완성되고 충만하여 원만구족한 대자연과 나는 한 생명이다. 나중에 말고, 죽은 뒤에 말고 지금 여기에서 구원 속에 안주하기. 구원에 들어가는 문, 아무것도 안 하기 얼음 땡!

함과 멈춤. 함 속에는 에고의 행복과 불행, 쾌락과 고통이 있다. 멈춤에는 행복과 불행 모두로부터 자유로운 생생한 담담함이 가득하다. 우주 전체와 공명하며 생생하게 담담하게 살아있음이 구원이다.

3) 인생 서원문(만트라)

원만구족하고 원융무애하고 지공무사한 절대자 한울님

조화로운 대자연과 한 생명인 나는

지혜롭고 자유로운 내 인생의 주인으로서

다 함께 행복한 낙원을 위하여

아집 대신 양심을 차리고

나와 다른 삼라만상과 이-인-자로 어울리며

유유자적

더 너그럽게 살겠습니다.

더 너그럽게 살겠습니다.

* 화두) 영혼 말고 또 다른 의식이 있을까? 구원은 영혼 안에 있을까, 영혼 밖에 있을까?

최상의 구원에 스스로 동참할 때까지 서원문을 외운다. 원만구족하여 이미 완성된 세상과 한 생명인 온전한 나. 더 오고 갈 것 없는 지금 여기가 구원의 나라다. 피안이다. 지옥(불행)과 천국(행복)이 파도치는 세속의 바다를 건너 구원의 나라에서 유유자적하시라.

4) 구원명상에 도움이 되는 명상들

조화로움 명상-삼라만상은 한울님 안에서 함께 조화롭게 잘 어울리며 살고 있다.

원만구족 명상-세상은 아무 부족함 없이 이미 온전하게 완성되어 있음을 명상한다.

원융무애 명상-삼라만상은 원만하게 끝없이 이어지고 융합돼 있음을 명상한다.

지공무사 명상-자연은 무아라 보편적이다. 동서고금을 통해 함께 공유하고 공감할 수 있는 무아의식을 명상한다.

생명명상-나는 전체 생명 우주자연과 한 생명임을 명상한다.

인생에 도움이 되는 그 밖의 명상들

1) 두려움명상

내가 지금 가장 두려워하는 일 세 가지를 떠올려본다. 무엇을 두려워하는지 두려움의 대상(사실, 실체)을 그려본다. 나는 왜 그것을 두려워하는지, 두려워하는 내 마음을 그려본다.

무한한 우주의식 한가운데에 두려운 감정을 놓고 GPS 눈으로 바라보는 명상을 한다. 인생 전체 바다에서 일어난 파도인 두려운 감정을 바라본다.

세상에는 어떤 일도 다 일어날 수 있다. 세상에서 세상 이치를 따라 당연하게 일어나고 있는 일을 내가 두려워하고 있다. 두려움의 뿌리는 생존본능의 속성들이다. 질병과 죽음, 인정받고 싶음, 사랑과 미움, 빈곤. 외로움, 절망감 등은 생존본능을 따라서 일어나는 속성들이다. 두려움은 소아적 아집이 편협하고 협소한 생각의 터널에 스스로 갇혀서 스스로 만든 감정이다. 무한한 우주의식 한가운데에다 생각의 터널(두려움)을 놓고 보면 편협하고 협소한 티끌 같은 하나의 상상일 뿐이다.

2) 화명상

분노는 인생을 불행하게 하는 3대 요소 중 하나다. 분노는 아집을 세운 만큼 일어난다. 화가 일어나면 상대보다 자신이 더 많이 고통을 받는다.

최근에 가장 심하게 화가 났던 일 세 가지를 종이에 적고, 그 상황에서 왜 화가 일어났는지 깊이 명상해본다. 그 상황을 나의 무엇이 왜 그리 민감하게 싫어했을까? 왜 그리 심하게 저항했을까? 자존심? 열등감? 자기중심적 아집? 고정관념과 선입견? 직업의식?

평화로운 마음에서 화가 왜 일어나는지 깊이 회광반조(내 마음 보기)해 보면, 나와 다른 상황에 대한 나의 소아적 아집의 저항 때문이라는 걸 알게 된다. 아집 없이 객관적으로 보면 그냥 내 앞에서 일어난 하나의 상황일 뿐이다. 모든 상황은 시간을 따라 흘러간다. 흘러서 바다에 이른 물은 다시는 만날 수 없다. 화는 내 마음의 꼴이다.

화명상을 자꾸 하다 보면 아집만 세우지 않으면 화낼 일이 없음을 알게 된다.

화가 일어날 때마다 아-저-부 멈추고, 이-인-자 하기.

화를 내고 부딪치며 그 상황을 전쟁터로 만들기 전에 일단 멈추고 얼음 땡! 하기.

차분하게 이해하고 인정하고 조화롭게 하늘(전체)마음으로 품기.

그러면 어떤 소리를 들어도 귀에 거슬리지 않고(이순), 어떤 꼴도 다 봐줄 수 있는 자유로운 마음이 된다. 처음에는 서툴지만 자꾸 하면 잘 된다.

아미그달라와 교감신경의 속성은 생존과 죽음 두 가지로만 단순하게 분별하고 반응하는 뇌의식의 속성인 짐승마음이다. 짐승마음, 땅마음 말고 하늘마음이 되자. 까칠하거나 신경질적인 사람은 사소한 일에도 습관적으로, 자동적으로 자신의 온몸에 비상사태를 선포하고 화를 내며 저항을 한다. 부교감신경은 충분히 잠을 자고 나서 온몸에 생명력이 넘치는 여유 있고 느긋한 상태와 같이 이완, 평화, 안녕(웰빙)을 유지하게 한다. 명상의 힘이 길러지면 부교감신경이 활성화된다.

당신은 언제나 자유다. 짐승마음으로 살 것인가 우주의식으로 살 것인가 선택하시라.

3) 미움명상

세상에 미운 사람이 없으면 인간관계에서 최고로 성공한 사람이다. '인간관계'는 행복과 불행을 가르는 5대 요소 중 하나다.

가장 미운 사람을 떠올리며 명상하기. 그 사람을 보면 왜 미운 정서가 일어나는지 회광반조해 보기. 그 사람은 왜 나와 다를까? 성장배경이나 생활환경이 달라서? 유전자가 달라서? 나의 생존을 방해하니까?

내 생각과 다름에 대해 왜 나는 싫어하며 저항을 할까? 내 생각 내 기준이 세상의 표준일까? 나는 나답게 생각하고 행동한다. 저 사람은 저 사람답게 생각하며 행동하고 있다.

미움을 이-인-자 하기.

용서는 상대보다 먼저 나를 불행에서 구원한다. 마음이 커진 만큼, 마음이 열린 만큼 용서를 할 수 있게 된다. 내가 싫은 것은 상대에게도 삼가라. 내가 받고 싶은 것을 남에게 대접하라. 누구나 좋아할 것이다. 우리는 모두 한 형제 한 동포다. 동무들이다. 세상에 남이란 없다. 더 너그럽게가 인생 태도의 정답이다. 너와 나 모두를 위해 더 너그럽게!

4) 몸 소리 듣기, 몸 관심 갖기, 몸 사랑하기, 안녕명상

조용히 앉아서 또는 편안히 누워서 몸 생명의 신호를 느낀다. 생명의 힘이 넘치는지, 부족한지, 어느 세포가 불편하다고 신호하지는 않는지 집중해서 듣는다. 발끝에서 머리끝까지 몸 전체를 차근차근 느껴본다. 잘 먹고 잘 싸고 섭생을 적절히 하고 있는지, 생활습관병은 없는지, 활동은 적당하게 하는지, 걱정이나 근심이 너무 많지는 않은지…. 마음의 소리도 듣는다. 우울하고 절망적인 생각의 터널에 갇혀 있지는 않은지, 열등감이나 자존심의 터널에 갇혀 있지는 않은지 몸과 마음의 안녕을 살핀다.

몸과 마음의 생존이 소중한 만큼 관심과 사랑이 필요하다. 무시하며 살면 무시한 결과를 받게 된다. 인과응보의 자연법칙은 또렷하다. 몸과 마음의 건강은 행복의 5대 조건 중 하나다.

5) 우주인 절명상

무한한 우주의 한가운데 서서 우주의식으로, 우주인 자세로 한다. 차분하고 느긋하게, 너그럽게.

* 10배 - 천천히 구분 동작으로, 동작마다 의미를 부여하며 한다. 두 팔을 활짝 벌리고 자신의 몸과 기억(몸의식)을 남김없이 활짝 열어 젖힌다는 의식을 가득 차린다. 왜소한 몸과 마음을 활짝 열어 무한한 우주의식이 나를 깨끗이 해체해버리도록 한다. 우주의식의 영혼만 하늘에 가득 차 있음을 의식한다.

하늘을 향해 쭈욱 뻗은 두 팔과 손에 의식을 집중하고, 싸드보다 더 강력한 레이더가 되어 우주의 전체 정보를 향해 의식의 촉을 활짝 열어젖힌다.

* 첫 1배 - 인생 서원문을 암송한다. 의식을 모아 집중하며 간절한 마음으로 서원을 우주의식에 고한다. 기본으로 10배를 한다. 더 하고 싶으면 더 하면 된다.

- 회광반조 집중명상-두 손을 합장하며 마음을 모은다. 복식호흡을 한다.
- 원시반본 의식확장 명상-우주를 향해 두 팔을 활짝 벌려 뻗으며 몸나의식을 우주공간에 풀어 헤쳐 버린다. 우주 전체를 바라보고 있는 생명의식이 된다. 몸나의식을 멈추고 마음에 가득 차려진 생명의식(우주의식)을 확인한다.
- 생명삼매 명상-합장한 두 손을 코에 대고 들숨과 날숨을 느끼며 스스로 살아있는 생명을 느낀다. 들숨이 나를 살리고 날숨이 식물들을 살리고 있다.
- 하심명상-나를 땅바닥까지 바싹 낮추는 오체투지를 하면서 세상을 추켜올리는 손동작을 반복하고 나를 낮추는 겸손함을 기른다. 윤리의 기본은 겸손이다.
- 평등명상-오체투지하며 모든 생명의 땅바닥은 원초적으로 평등함을 확인한다. 자존심, 자만심은 결국 나를 힘들게 한다.
- 건강명상-절명상은 요가명상과 더불어 몸을 사용하는 명상이다. 많은 사람이 절명상(108배)을 하고 있으며 몸과 영성을 함께 건강하게 하는 효능이 의학적으로도 입증되고 있다.

6) 호연지기 기르기 명상

인성은 삶 속에서 어떤 사람의 의식이 표현되는 일정한 경향이나 특성이다. 이러한 특성을 보고 그 사람의 인격이나 인성, 성질, 성격 등의 언표로 평가하고 표현한다.

사람의 의식은 삶의 환경에 따라, 관심에 따라 커지기도 하고 작아지기도 한다. 담대한 사람, 밴댕이 소갈머리 같은 사람, 꽉 막힌 사람, 열린 사람, 대장부, 졸장부, 너그러운 사람, 까칠한 사람 등 저마다 표현되는 마음의 생김새가 다르다. 자기를 넘어 수많은 사람에게 영향을 미치는 성인이나 사회운동가도 있고, 자기 자신만을 위해 평생 아등바등 애쓰다가 생을 마치는 사람도 있다. 호연지기 명상은 왜소한 몸의식(뇌의식)을 해방시켜 우주자연에 가득한 호연지기만큼 인성(의식)을 확장시키고자 하는 의식훈련이다.

호연지기는 자연의 모든 생명체를 살려주는 우주자연에 가득한 생명의 거대한 기운이다. 하늘을 보며 레이더의 안테나처럼 두 팔을 활짝 뻗는다. 500억 광년 밖에서 달려온 별빛을 본다. 천억 개의 별이 모인 은하수(성운)가 1조 개가 넘는 광대한 우주자연의 정보 속에 관심(의식)을 보내며 우주정보와 연결한다. 무한한 우주정보로 마음이 가득 찬다. 내 마음이 우주의식 영혼이 된다. 우주에서 GPS의 눈으로 지구에 서 있는 나를 바라본다. 멀리서도 보고, 가까이 당겨서도 본다. 뇌의식으로 보지 말고 우주의식으로 본다. 우주자연의 거대한 빅데이터 정보를 향해 영혼 레이더의 촉을 세운다.

무한한 공간, 하늘 스크린에 다름들과 부딪히며 저항하며 욕구불만에 징징대는 나의 소아적인 일상생활들을 그려본다. 무한한 우주에서 보면 나의 일상은 너무나 왜소하다. 허구다. 파도처럼 일어났다 사라지는 꿈같은 환상들일 뿐이다. 치열하게 긴장하는 오늘 이 순간들도 시간을 따라 흐르고 흘러 바다에 이른다. 바다는 하늘로 올라 비가 되고 이슬 되어 또다시 순환한다. 나는 우주인이다. 담대한 우주의식 가득 차리며 살자.

7) 우주인 표정 짓기 명상

언제나 느긋하고 너그럽게, 활짝 가슴을 펴고 당당하게, 담대한 대장부처럼 열린 의식으로.

허둥지둥 허겁지겁 혼비백산 좌충우돌 좌불안석 참새처럼 촐싹거리지 말고, 까칠한 표정 말고, 소아적 아집 가득한 옹졸한 표정 말고 우주의식(생명의식·영혼의식) 차린 담대하고 당당한 태도 취하기, 표정 짓기.

혼자 있을 때는 거울을 보면서, 두 사람이 짝이 되어서는 서로 표정을 보며 느낌을 말해준다.

우주인 표정이 잘 될 때까지 서로 인간 거울이 되어 교정해준다. 짝을 바꿔서도 해본다. 우주인 표정 짓기를 자꾸 하면 정말로 우주인으로 살아가게 된다.

하지下智: 일을 당해서도 제대로 해결방법을 몰라 우왕좌왕한다.

중지中智: 일을 당해서 열심히 해결한다. 하지만 허둥지둥한다.

상지上智: 미리 알아서 대처한다. 차분하게 느긋하게 차근차근.

8) 원시반본 명상

아침에 일어나서 새 마음 되기. 어제의 생각들은 다 잠들어버렸다. 날마다 초기화(리셋)하고 새 컴퓨터 되기. 땅마음 닦아버리고 하늘마음 차리기. 땅은 다름으로 가득하고 하늘은 같음으로 가득하다. 광대무변한 우주자연의 기운, 호연지기 속에 지극히 왜소한 생각의 터널들 날려버리기, 깨끗이 닦아버리기. 처음처럼 순수한 생명의식으로 다시 시작하기. 늘 처음처럼, 새벽마다 원시인 되기.

9) 걷기명상

함과 쉼의 명상. 지혜와 자유 명상. 우주인이 되어 우주의식으로, 우주인 표정을 지으며 우주인의 태도로 차분하고 느긋하게 걷는다. 어디를 가는지, 왜 가는지, 어떻게 가는지, 갈지 안 갈지, 언제 갈지 자유롭게 내가 선택할 수 있는지 확인해본다. '나는 원래 자유롭다. 내 마음대로 갈 수 있다. 나는 원래 지혜롭다. 무엇이든 사실대로 알 수 있다' 선언하고 걷기.

걷기를 멈추고 아무것도 안 하기 얼음 땡! 몸과 마음을 멈추고 아무것도 안 하면 몸 중심 생각과 행동의 터널 밖에서 더 많은 소리가 들린다. 더 많이 보인다. 함과 멈춤 연습하기. 함을 멈추면 생명의식 영혼이다.

하늘을 보며 걸으라. 땅마음 말고 하늘마음이 돼라. 하늘은 허공처럼 텅 비어있으면서 또한 가득 차 있다. 무한하게 넓다. 생각을 하늘에 그려라. 왜소한 뇌 속에 그리지 말고. 땅은 상대의 세계라 갈등과 경쟁이 가득하다. 하늘은 상대가 끊어진 절대의 세계다.

생활 속에서 스스로에게 물어보라. 나는 지금 어디를 가고 싶은가? 나는 지금 무엇을 하고 싶은가? 왜? 무엇을 위하여? 누가 걷고 있는가? 나는 대아의 소아이다. 전체자의 개별자이다. 대아의 소아로 걸어가자.

당신은 지금 어디를 가고 있습니까?

우주를 가고 있습니다. 우주에서 우주를 가고 있습니다. 가야 할 곳이, 갈 수 있는 곳이 우주밖에 없습니다. 나는 우주의 한가운데 살고 있는 우주인입니다.

10) 우주 그리기

우주 그림을 그리고 우주에서 나 표시하기. 우주 한가운데 있는 나는 얼마나 큰가 또 얼마나 작은가.

나를 우주의 눈으로 객관적으로 그려보기. GPS로 보기. 천체망원경으로 보기. 우주 별들의 사진 보며 나 표시하기. 하나뿐이라 절대자이고 무한하고 영원한 우주자연을 종이에 그려보기.

11) 전자현미경으로 내 몸 들여다보기

소우주라고 하는 내 몸 알아보기. 계속 새로 태어나는 60조 개의 세포들, 70퍼센트가 물인 몸. 10만 킬로미터의 길고 긴 혈관과 신경, 뇌, 교감신경과 부교감신경, DNA….

나는 내 몸에 대해 얼마나 알고 있을까? 나를 알고나 있나? 이 복잡한 몸을 누가 만들었고, 생명은 누가 계속 살려주고 있을까? 아무것도 안 하고 가만히 있어도 스스로 살아지는 생명은 나와 어떤 관계일까? 나는 어떻게 알 수 있고 행동할 수 있을까? 무엇을, 어디서 어디까지를 '나'라고 하는가?

하나의 세포인 수정란은 60조 개의 세포로 분화하면서 입이 되고 코가 되고 뇌가 되고 간, 허파, 심장 등의 기관이 된다. 하나의 세포핵 안에 있는 DNA에 전체 유전자 정보가 내장돼 있어 세포 하나로 전체 생명체를 복제할 수도 있다.

자연에서 물질들이 유기적으로 융합되어 생명이 창발되는 현상은 인간이 상상할 수도 없는 신령스러운 기적이다. 인간은 자연의 정보가 아니면 아무것도 알 수 없다. 인간의 모든 생각과 지식과 정보는 자연에서 온 것이다. 인간의 의식은 자연의 정보로 가득 차 있다. 자연의 정보와 에너지 그리고 인간의 마음은 어떤 관계일까? 인식하는 주체와 인식되는 객체는 어떤 관계일까?

인간의 몸이 될지, 소가 될지, 물고기가 될지, 남자가 될지, 여자가 될지,
키가 클지 작을지, 건강할지 허약할지, 성격이 급할지 느긋할지,
선과 악 이기심과 양심 등이 DNA에 다 새겨져 있다.
세상에 일어나는 일들은 모두 꼭 그럴 만한 이유가 있어서 그리한다.
세상에 이해할 수 없는 일은 없다. 내가 아직 그 이유를 모르고 있을 뿐.

양자물리학자들은 원자보다 작은 아원자 입자(파동)는 관찰자에 의해 측정되거나 관찰될 때만 고정된 하나의 입자 형태로 정착한다는 사실을 실험을 통해 입증했다. 이 사실은 이 우주의 정보들이 관찰자의 의식과 관찰되는 물질의 협동작업의 산물임을 의미한다.

불교에서는 이미 2,500년 전부터 주자(인식하는 자)와 객자(인식되는 대상)가 둘이 아니고 하나 즉 '불이'라고 했다. 직관(영감)으로 보고 깨달은 사실을 현대과학이 이제야 실험을 통해 입증하고 있는 셈이다.

불교의 창시자 고타마 싯다르타의 대표적인 깨달음을 '연기법'이라고 한다. 연기법은 우주자연 삼라만상이 서로 끝없이 이어져 있음을 말한다. 21세기 4차 산업혁명은 초연결, 초융합의 문화와 문명을 생활 속에 현실로 건설하기 시작했다. 이제 그 어려운 연기법을 누구나 문명 속에서 쉽게 깨닫는 시대로 되고 있다.

명상의 힘을 언제 어떻게 활용할까?

1) 지성인이 된다

깨달음을 얻고 마음을 닦으면 지성인이 된다. 지혜롭고 자유롭게 살 수 있는 마음으로 전환된다. 깨닫지 못한 몸나의식은 어리석게, 자유롭지 못하게 산다. 사실을 사실대로 보지 못하고 자기중심적 아집(기준)을 세우고 왜곡되게 본다. 자유롭기 위해서는 먼저 지혜로워야 한다.

인생에서 자유는 최고의 가치라고 말할 수 있다.

2) 고통에서 벗어난다

마음의 고통과 심리적인 장애를 극복하고 온전한 생활을 유지할 수 있다. 미국에서는 1,000개 이상의 종합병원에서 스트레스와 우울증, 심리장애, 만성통증 등 다양한 질병에 '마음챙김 명상'이 처방되고 있다. 아프기 전에 미리 자신의 몸을 스스로 진단하는 몸소리 듣기 명상이나 온전한 생명력 확인하기 명상 등이 도움이 될 것이다.

스트레스가 일어날 때마다, 마음이 불편할 때마다 이-인-자 생활명상을 하면 스트레스로부터 자유롭게 될 것이다.

3) 집중력 향상

명상 자체가 집중력 기르기 연습이다. 스포츠나 예술 등 여러 분야에서 집중력을 높이는 데 활용되고 있다. 학습의 효과는 집중력이 좌우한다. 단전호흡, 만트라 외우기, 요가 등 집중명상을 통해 산만함을 차분하게 누그러뜨릴 수 있다.

4) 인성 도야

명상은 실효성 있는 바람직한 인성 도야 방편이다. 도덕·윤리의 목표는 환경과 배경이 각기 다른 가정에서 길러지고 고정된 자기중심적 개인주의의 인성을 보편적인 공동체적 인성으로 전환하는 것이다. 영성지능을 함양하고 지속적으로 자기를 성찰하게 하는 깨어있기 명상은 가장 바람직한 인성교육 방편이다. 호연지기 기르기 의식 확장과 이-인-자 생활명상, 이-인-자 일기 쓰기가 인성의 변화에 큰 힘이 될 것이다.

5) 몸과 마음의 힐링과 웰빙

몸과 마음의 소리 듣기 명상을 통해 몸과 마음의 건강상태를 스스로 진단한다. 자신의 몸과 마음을 사랑하게 되는 효과가 있다. 고통의 터널 속에 의식이 갇혀 있으면 세상이 온통 고통으로 느껴져서 견디기 어렵다. 터널에서 빠져나오면 바로 넓은 우주의식이 된다. 우울증, 절망감, 공황장애, 외로움 등 비관적인 생각의 터널에 갇혔을 때는 우주인 되기 명상-우주의식 차리기 명상을 통해 관심을 우주 전체로 보내면 의식이 우주만큼 확장된다.

우주 한가운데 서 있는 나 의식하기, 우주인 표정 짓기, 우주인 태도 취하기로 의식이 확장되어 우주에 가득 차면 나의 우울함과 외로움은 파도처럼 시시해져 버린다.

6) 너그러운 대인관계

화가 나고 짜증이 날 때는 이-인-자 명상을 통해 스트레스를 줄이고 대인관계를 조화롭게 관리할 수 있다. 아-저-부 하는 스트레스 인생 대신 이-인-자 하는 평화로운 인생으로 전환할 수 있게 된다. 너와 내가 남이 아님을 생명명상을 통해 공부하며 경쟁관계를 동무관계로 전환할 수 있게 된다.

7) 협소한 뇌의식을 우주의식으로 확장하기

호연지기 의식확장 명상, 우주인 되기, 우주의식 차리기 명상을 하면 자신의 몸만을 나라고 생각하며 살아가는 협소하고 옹졸한 의식을 닦아버리고 우주의식으로 확장할 수 있다. 대범해지고 너그러워져서 사소한 일에 일희일비하지 않게 될 것이다.

8) 간절한 꿈을 위하여, 성공을 위하여

절하기 치성명상을 통해 절을 하면서 자신의 꿈이 담긴 서원을 우주와 공명한다. 공명은 나 홀로 말고 우주의 힘으로 우주와 함께한다는 뜻이다. 우주와 나는 연결되고 융합되고 있으므로. 먼저 자신의 꿈을 정리한 서원문을 작성한다. 언제? 신새벽이 좋다. 10배든 100배든 스스로 정하면 된다. 내 인생의 큰 계획과 나의 꿈을, 우주와 한 몸인 우주의 주인으로서 간절하게 정성을 모아 서원문을 외우며 치성을 드리면 그 자체로도 최선을 다하는 적극적인 노력이라고 할 수 있을 것이다. 계속 치성을 드리면 서원문대로 생각하며 인생을 살게 되어 서원은 마침내 이루어지게 될 것이다.

9) 행복한 인생을 위한 명상

행복과 불행은 마음의 문제다. 의식이 확장되면 사소한 일에 힘들어하지 않게 된다. 우주의식을 차리고, 안주하고, 그 힘을 기르면 허전함과 두려움, 불평불만, 외로움 등에 시달리지 않고, 다름과 부딪히지 않고, 스트레스 받지 않고 느긋하고 너그럽게 살 수 있다. 인생의 모든 고통은 소아적 에고의 저항이다. 행복한 인생길에서 미끄러지지 않게 늘 성찰하며 살게 된다.

10) 창의력 향상을 위하여

영감 차리기 생명명상을 하면 우주 전체의 정보와 연결될 수 있다. 몸나의식으로는 상상도 할 수 없는 창의적인 예술 연구 등의 성과를 성취할 수 있다. 몸나의식은 땅만 쳐다보며 뇌와 눈앞에다 생각을 차리게 된다. 창의력의 무한한 가능성을 협소하게 가두어버리게 된다.

호연지기 기르기 의식확장 명상, 하늘 보기 명상을 하면 뇌의식이 우주의식으로 확장된다. 무아명상을 하면 보편적인 영감을 차릴 수 있게 된다.

3

행복한 인생_ 낙원족 되기

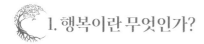

1. 행복이란 무엇인가?

인생의 목적은 이고득락離苦得樂, 행복한 생활이다. 모든 이들의 바람이다. 다른 의무나 소명은 없다.

행복이란 무엇인가

행복은 정서다. 슬프거나 괴롭다는 느낌, 기분이 좋다 나쁘다, 불행하다 행복하다는 느낌이다. 객관적으로 정해지고 고정된 행복이라는 실체는 없다. 조건에 따라 스스로 느끼는 자의적인 기분일 뿐이다.

행복은 불행의 상대어다. 불행하지 않아야 행복할 수 있다. 행복과 불행 모두로부터 자유로운 사람도 있다. 불행의 감정들은 어떨 때 느끼게 될까? 마음의 고통, 육체의 고통, 두려움과 불안함을 느낄 때다. 불평, 불만, 외로움, 권태를 느낄 때다. 나는 어떤 때 행복과 불행을 느낄까? 왜 그럴까? 깊이 생각해보자.

행복은 마음에 있다. 마음 밖에 있지 않다. 건강, 돈, 명예, 권력이 있어도 다른 여건에 따라 행복하기도 하고 불행하기도 하다. 인생에 필요한 조건들은 너무나 많고 얼마나 더 가져야 할지 기준이 없어 욕망을 다 채울 수가 없다.

좋은 집을 사면, 명예를 가지면, 권력을 가지면 처음 얼마 동안 성취감에 들뜰 수 있다. 하지만 몇 달만 지나면 다시 다른 사람과 비교하며 또 다른 욕망이 자라난다. 아무리 값비싼 음식을 먹어도 목을 넘어가고 나면 그 맛은 더 이상 느낄 수가 없다. 목마른 자에게는 부자들의 값비싼 음식보다 한 사발의 물이 더 달콤하다. 가난한 가족이 화목하게 살면서 행복하다고 말하면 그것이 바로 행복이다.

부자가 못마땅한 일이 많다고 불행하다고 말하면 불행한 삶이다. 국민소득 3,000달러인 국민들이 행복하다고 말하는 부탄은 행복한 나라다. 국민소득이 5만 달러인데도 국민들이 불행하다고 말하면 불행한 나라다. 행복이란 결국 마음의 행복을 말한다. 결코 어떤 조건에 매여있지 않다.

자신의 행복을 어떤 조건에 미리 묶어놓은 사람이 아니라면 조건과 상관없이 언제나 누구나 마음의 행복을 누릴 수 있다.

나 홀로 행복과 다 함께 행복

행복에는 두 가지가 있다. 나 홀로 행복과 다 함께 행복이다. 나 혼자만 행복하면 된다는 행복관을 가지면 이기주의자, 자기중심적 개인주의자의 속성을 갖게 되고, 소아적 아집에 사로잡히게 된다. 나만 옳고, 나만 중요하고, 남보다 인정받아야 되고, 남과 비교하며 남의 눈치를 보며 사는 상대적인 인생이 된다. 그 조건을 채우면 또 다른 조건을 내건다. 남보다 앞서야 하는 경쟁 자체가 인생의 목표가 되어버린다.

나 홀로 행복족(이기주의자)은 공동체 안에서 조화롭게 어울리지 못한다. 하지만 그 사람 역시 공동체 속에서 국가와 지역사회의 온갖 혜택을 누리며 살아간다. 더 나은 사회를 위한 노력은 안 하면서 온갖 불평불만만 늘어놓는다. 사회적 무임승차자의 삶이다.

반면에 다 함께 행복족은 가족, 직장, 동아리, 지역사회(마을) 등을 더나은 공동체로 만들기 위해 애쓰고, 거기에서 보람을 느끼며 뿌듯한 충만감 속에 산다. NGO나 봉사활동단체 등에서 일하는 사람들 대부분 기쁨과 보람을 느낀다고 하지 괴롭다고 말하지 않는다. 사사로운 온갖 욕구와 소소한 걱정을 초월하여 세상의 큰일에 마음을 두니 오히려 온갖 사소한 걱정들로부터 자유롭다.

하늘을 바라보며 세상을 위해 담대하게 사는 하늘마음의 인생이 있다. 나만을 걱정하며 참새처럼 땅만 쳐다보고 사는 땅마음의 인생도 있다.

어떤 행복을 지향할까?

행복의 고정된 실체는 없다. 행복도 불행도 일어났다 흔적도 없이 사라져버리는 파도와 같은 마음의 변화일 뿐이다. 그러나 '나는 불행해. 나는 행복해' 하며 자주 말하게 되는 일상의 언어라는 것 또한 분명한 사실이다.

행복과 불행은 일희일비하는 잠시의 기분에 대한 표현은 아니다. 상당 기간의 삶에 대한 총체적인 표현이다. "나의 어린 시절은 행복했어." "결혼생활은 행복해." "고향에 대한 좋은 기억이 별로 없어. 고향에서는 불행했어." "요즘은 어때? 행복해?" 등.

일희일비하는 참새 같은 행복이 있다. 전체적으로 안정된 든든한 행복도 있다.

쾌락은 스스로 탐하는 만큼 느낄 수 있다. 탐하지 않는 무관심한 사람에게는 쾌락이 느껴지지 않는다. 탐욕을 불행한 인생의 세 가지 원인 중 하나라고 말하기도 한다. 돈이나 음식, 취미생활, 애정생활 등 어떤 것이든 쾌락은 대가를 치르게 된다. 쾌락은 감정의 높은 산이다. 산이 높으면 골짜기도 깊다. 술이나 마약 중독자에게 계속 술과 마약이 필요하듯 쾌락이 멈추면 고통의 골짜기로 떨어진다. 쾌락을 추구하지 않는 사람에게는 없는 고통이다. 쾌락의 특성은 자기 혼자만 느끼는 순간적인 감정일 뿐 사회적인 확장성이 없다. 날마다 일어났다 스러지는 수많은 느낌들 속에서 일희일비하는 감정을 행복이니 불행이니 안달하며 살아가는 건 소아적인 마음의 삶이다. 반면에 영원하고 온전한 우주자연과 공명하는 인생 전체를 신앙하며 살면서 행복과 불행 모두로부터 자유로운 인생도 있다.

일희일비하지 않는 든든하고 안정된, 대장부(영혼)의 마음으로 일상을 마주하고 싶다면 소아의식을 우주(대아)의식으로 확장하는 명상이 필요하다.

2. 행복의 다섯 가지 요소

행복의 다섯 가지 요소는 건강한 몸과 마음, 따뜻한 인간관계, 긍정적인 인생관, 무조건 행복관, 영적인 삶이다.

건강한 몸과 마음

몸이 병고에 시달리면 불쾌하다. 행복하지 못하다. 질병으로 눕지 않도록 평소에 몸의 소리(신호)를 잘 들어야 한다. 몸과 마음이 온전한 생명력을 유지하고 있는지 평소에 늘 몸을 사랑하고 관심을 가져야 한다. 건강상태를 스스로 진단하기 위해서 날마다 5분간 몸 사랑하기, 마음 사랑하기, 몸 소리 듣기, 생명체에 관심 갖기, 생명력(면역력) 가다듬기 등을 하는 게 좋다. 조용히 앉거나 누워서 발끝에서 머리끝까지 차근차근 관심을 보내며 몸을 살핀다. 발가락과 발을 움직이면서, 손가락과 손을 작동해 보면서, 허리와 어깨도 만지고 작동해본다. 위는 어떤지, 장은 어떤지 마음으로 자세히 살펴본다. 자꾸 보면 몸의 건강 상태가 잘 보인다. 혈압, 당뇨, 고지혈, 비만의 징후는 없는지, 생활습관은 바람직한지 체크해본다.

스트레스나 우울증, 정신장애 등으로 아픈 마음 되지 않고 영성이 깨어있도록 명상공부를 멈추지 않아야 한다.

따뜻한 인간관계

관계가 좋으면 그 관계에서 행복을 느끼고 관계가 안 좋으면 불쾌한 정서가 차려진다. 아프리카나 북한 사람들의 굶주린 영상을 보여주며 도와달라고 해도 별로 마음이 동하지 않는다. 그러나 내 가족이나 가까운 인연이라면 한두 끼만 못 먹었다 해도 큰일 났다고 호들갑을 떤다.

나와 가까운 소중한 인연은 몇이나 될까? 20명 내외다. 가족 3~4인, 친인척 4~5인, 학교 또는 직장 친구 4~5인, 이웃 친구 4~5인, 동아리 모임 4~5인…. 이들과 잘 어울리는 사람은 행복하고, 잘 어울리지 못하면 불행하다. 특히 부부관계나 가족관계가 안 좋은 사람은 행복한 정서를 차리기 어렵다.

교육 선진국들은 유소년기부터 남과 비교하거나 경쟁하지 않는 인성을 길러주고 동무관계를 맺어주려 노력한다. 성적으로 줄을 세우거나 직업 서열 등을 만들지 못하도록 부단하게 노력한다. 그리하여 글로벌 국민행복지수 상위권을 차지한다. 각박한 경쟁관계 말고 훈훈한 동무관계를 맺는 습관을 유소년기에 길러주는 것은 행복한 인생길에 들어서게 하는 중요한 인성교육이다.

경쟁관계 속에서 사는 인생과 동무관계 속에서 사는 인생은 많이 다르다. 인생을 생존경쟁이라고 여기는 야만적인 인생관으로는 결코 안온한 행복을 누릴 수 없다.

관계 맺기에서 중요한 요소는 예의다. 예의의 중심자세는 겸손함이다. 겸손은 상대가 부담 없이 편하게 나를 대할 수 있게 배려하고 상대를 존중하는 자세다. 겸손은 우리 안에 있는 보편적인 양심의 속성이므로 누구에게나 공감되고 공유된다.

관계를 잘 맺기 위해서는 사랑을 해야 한다. 사랑을 주고받으면서 행복감을 느끼게 된다. 사랑은 내가 대접받고 싶은 대로 상대를 대접하는 것이다. 또 내게 싫은 것을 상대에게 삼가면 된다. 그러면 누구나 좋아할 것이다. 까칠하게 말고 더 너그럽게, 꽉 막힌 마음 말고 활짝 열린 마음으로 인연을 만나면 서로 부딪치지 않고 어울림의 동무관계가 맺어질 것이다.

의식을 확장하는 명상이 열린 마음이 되게 한다.

긍정적인 인생관

인생을 살아가는 두 개의 태도가 있다. 긍정적이고 낙관적인 사고방식과 비관적이고 부정적인 사고방식이다.

비관적인 사람은 습관적으로 부정적인 것만 찾게 된다. 불평불만의 터널에 갇혀 자신감도 잃게 되고 우울증에 시달리기도 한다. 긍정적인 사람은 긍정적인 면이 주로 보인다. 주변에 가득한 신비로운 자연과 인간 사회의 온갖 은혜에 늘 감사를 느끼며 산다. 긍정적인 태도와 부정적인 인생태도 가운데 어떤 쪽을 택하느냐에 따라 인생길이 많이 달라진다. '지금 이대로 세상은 이미 원만구족함'을 깨닫는 명상이 필요하다.

서양의 심리학과 정신의학도 지금까지는 우울증이나 스트레스 등 부정적인 심리의 상담과 치료에 매달려 왔지만, 이제는 긍정적인 면을 활성화시키기 위한 긍정심리학이 유행하고 있다. 소극적인 부정 심리 방어에서 행복한 삶을 위해 적극적으로 긍정심리를 개발하고 활성화하는 쪽으로 방향을 틀었다는 의미다.

무조건 행복관

공부를 남보다 잘하면, 남보다 승진을 먼저 하면, 돈을 많이 벌면, 남보다 더 큰 집에 살면 더 행복할 텐데… 하고 행복 앞에 조건을 달면 행복의 길 위에서 살아가기 어렵다. 남과 비교하고 경쟁하며 내세우는 조건은 끝이 없기 때문이다. 바람직한 행복은 성공할 때마다 잠시 느끼는 섬 같은 행복이 아니고 두려움 없고 불안하지 않은, 전체적으로 느긋하고 안정된 평온함이다.

성공을 위해 지금의 행복을 포기하거나 유예하면 성공할 때까지 오랜 시간을 행복하지 않은 채 지낼 수밖에 없다. 언제 어디서나 마음의 행복을 누리고 싶다면 조건부 행복관을 내려놓아야 한다. 남과 비교하지 말고 내게 필요한 게 얼마큼인지, 내가 하고 싶은 일은 무엇인지 스스로 선택하고 자부심을 가지고 살아가면 상대적인 패배감이나 박탈감을 느끼지 않는다. 행복의 조건은 원래 없다. 조건을 미리 정해놓고 그 조건에 스스로 속박되어 자신을 닦달하고 있을 뿐.

성공의 순간만이 인생이 아니다. 성공과 실패의 모든 과정이 인생이다. 어둠이 있어서 밝음을 지향하고 부족함이 있으니까 만족을 향해 열심히 산다. 죽음이 곁에 있으니까 생존을 위해 긴장하게 된다. 이미 다 채워져서 아무것도 필요하지 않다면, 품어야 할 꿈도 희망도 없게 될 것이다. 아프니까 인생이다.

조건부 행복관 말고 무조건 행복관이 꼭 필요하다.

영적인 삶

우주자연은 전체성과 개별성 두 개의 본성으로 세상에 나타난다(전개된다). 우주의식 영혼靈魂의 영은 전체성이고 혼은 개별성이다. 옛적부터 인류가 자신을 성찰하며 수양을 하고 명상을 하고 종교를 신앙하며 따르고 했던 것은 전체성과 개별성의 조화로운 삶을 도모하기 위해서였다.

나 홀로 말고 다 함께 행복한 지상낙원이 인류의 마지막 희망이요 꿈이다. 인생의 완성이다. 나 홀로 행복을 바라며 아무리 열심히 종교를 신앙해도 결코 구원은 없으리라. 그가 사는 세상이 결코 낙원이 아닐 것이므로.

모든 성인과 종교가 이구동성으로 가르치는 바는 이웃에 대한 사랑이요 자비다. 모두가 한 형제고 한 동포이니 서로 사랑하라고 한다. 2,000년 2,500년 동안 종교를 믿고 따랐으되 아직도 경쟁하며 다투고 있다. 아직 나 홀로 행복주의자들의 힘이 더 세기에 그렇다.

세상에 남이란 없다. 모두가 한 형제, 한 동포임을 깨닫고 확인하는 명상이 꼭 필요하다. 몸나가 멈추면 우주의식으로 전환된다. 너와 내가 없는 대아가 된다. 영혼의 내공을 기르며 영혼에 안주하라.

결국 몸으로 살아야 하는 인생에서 영적인 의식을 차리며 살아가기는 수월하지 않다. 그러니 성찰하고 또 성찰하며 살아야 한다. 영과 혼의 조화로운 인생을 위하여, 느긋하고 든든한 지성인의 인생을 위하여.

3. 불행의 요건들

행복의 5대 요건과 대비되는 불행의 5대 요건도 있다. 병든 몸과 마음, 냉랭한 인간관계, 비관적인 인생관, 조건부 행복관, 세속적인 인생이다.

생존본능과 두려움

모든 생명체는 생존본능을 1차적으로 드러내며 산다. 생존에 위협이 되는 쪽과 도움이 되는 쪽으로 나누어 상황을 인식하며 온몸으로 대처한다. 생존에 도움이 되는 쪽에 대해서는 안도감을 느끼고, 방해가 되는 쪽에 대해서는 위기감을 느끼고 호르몬을 분비하는 등 경보를 울리며 온몸으로 긴장하게 한다. 생존에 도움이 되는가 방해가 되는가, 두 개의 단순한 동물적인 분별력이 일파만파 인생의 전 분야에 파급되면서 인생의 행불행을 가르는 요인이 되기도 한다.

특히 유아기 때의 생존본능은 부모의 사랑과 미움에 대해 민감하게 반응하고, 부모의 미움이나 무관심은 버림받았다는 위기감으로 내면화 인생은 아슬함 속에 차려져 있다. 아슬하니까 생생하다.
긴장하고 진지해진다. 안 그러면 가볍고 시시할 것이다.

되어 평생 영향을 미치기도 한다. "증애심만 없으면 바로 깨달은 사람이다!"라는 옛 선사의 일갈도 있다. 증애심憎愛心, 즉 좋아하고 싫어함은 누가 내는가? 몸을 중심으로 일어나는 생존본능의 소아적 아집이다. 아집이 없는 의식이 영성이다. 인생은 소아적 아집과 대아적 영성 두 개의 마음으로 살아간다.

질병은 죽음의 공포를 안겨주기도 하고 질병 자체가 견디기 어려운 고통이기도 하다. 고통은 직접적인 불행한 감정이다. 여러 가지 원하지 않는 상황에 대한 두려움은 불행한 마음의 큰 덩어리이다. 소아적 두려움을 대아적 영성 속에서 녹여내는 명상이 필요하다.

외로움과 허무함

한 개인은 초융합체인 우주자연 전체의 한 개별자다. 본질적으로 고립된 존재가 아니다. 자연으로부터 고립되면 주검이다. 그러므로 고립은 가장 큰 공포이기도 하다. 학생들이 왕따를 못 견디고 자살을 선택하기도 함은 분리에 대한 공포심을 견디기 어려워서일 것이다.

자신의 몸이 세상으로부터 분리됐다는 왜곡된 자아정체관에 따라 외로움을 느끼게 된다. 인간은 이성을 만나 가정을 이루고 주변과 연결되고 융합되고 싶은 원초적인 욕구가 있다. 자아정체를 사실 그대로 지혜롭게 볼 수 있으면 나의 생명체는 원천적으로 세상과 분리될 수 없는 세상과 한 몸임을 확인하게 된다.

또한 인간은 생산활동을 해야 살아갈 수 있고 존재감도 드러낼 수 있다. 현대인은 직장생활을 통해 생산에 참여하고 있으면서도 주체적·자발적으로 일하지 않고 수동적·기계적으로 일하면서 스스로 생산을 하고 있다는 본능적 욕구를 채우지 못한 채 삶이 허무하고 가치가 없다고 느낀다. 이는 산업화된 거대 자본주의 사회에서 자존감을 차리기 어려운 이유로 지목되기도 한다.

자유롭지 못함

인간은 자유롭지 못할 때 답답하고 불행하다는 느낌에 빠지게 된다. 자유와 부자유는 인생 전반에 개입되며 지배하는 감정이다. 그래서 자유를 인생의 최고의 가치라고 말하기도 한다.

자유의 정체는 뭘까? 감옥에 신체가 갇혀 있으면 구속이고 감옥 밖에 있으면 자유일까? 아니다. 우리는 일상생활 속에서도 자유롭지 못하다고 한다. 하고 싶은 것을 마음껏 할 수 있음이 자유일까? 그럴 것이다. 그러나 먼저 전제가 있다. 시간과 공간의 제한과 수많은 자연의 법칙 속에서 우리는 몸으로 살고 있다. 인간 사회의 윤리도덕, 지켜야 할 법률도 있다.

그렇게 살 수밖에 없는데, 그렇게 이해하고 인정하며 살면 자유로움인데 왜 자유롭지 못하다고 불평불만일까? 자기중심적인 소아적 아집 때문이다. 나와 다른 삼라만상을 이해하지 않고 인정하지 않고 저항하기 때문이다.

　세상에 원래 정해지고 고정된 기준은 없다. 하물며 자기 자신의 기준이나 잣대를 세상의 기준이나 표준인 양 사람들에게 들이대며 시비이해를 한다면 끝없는 다툼이 이어질 뿐이다. 미리 정해진 선입견이나 기준이 없는 원래의 생명의식으로 살아간다면 다름과 부딪히지 않을 것이다. 어떤 소리를 들어도 귀에 거슬리지 않을 것이다. 어떤 꼴을 보아도 눈에 거슬리지 않을 것이다. 이러함이 세상으로부터의 자유이다.

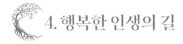

4. 행복한 인생의 길

행복의 5요소를 마음에 새기며 다 함께 행복한 인생의 길 위에 서서 유유자적 살아가도록 노력하자. 불행은 늘 행복의 바로 곁에 있다. 행복은 저절로 아무렇게나 우연히 오지 않는다. 행복과 불행에 대해 공부하고, 행복한 인생을 위한 계획을 세우고, 행복한 삶의 길에서 미끄러지지 않게 늘 성찰하며 살아야 한다.

다름과 함께 살기

다름과 함께 삶은 피할 수 없는 인생의 운명이다. 내가 태어나기 전부터 세상의 삼라만상은 각기 다르게 존재하고 있었고, 그 다름들과 공동체를 이루며 함께 살아야 함이 천명天命이다. 천명은 거역할 방법이 없다. 다름과 어울리며 조화롭게 자유롭게 살 것인가, 다름에 저항하며 자유롭지 못하게 살 것인가. 선택하라! 행복과 불행의 인생길이 갈라질 터이다.

응답하라! 무슨 일을 할 때 가장 기쁜지, 맨 먼저 어떤 일을 하고 싶은지 묻고 또 물어라. 스스로 응답이 있을 때까지. 그리고 그 일을 하며 살아갈 수 있게 인생을 계획하고 실행하라. 단 일회뿐인 소중한 인생의 행복을 위해서. 여한이 없는 인생을 살아내기 위해서.

인류는 그동안 빈곤 해결에 매달려왔다. 지금 대다수 지구촌 사람들은 과거에 비해 생존의 위협으로부터는 벗어나 있다. 웰빙과 힐링 열풍이 불기도 한다. 웰빙과 힐링은 지나가는 계절풍이 아니다. 적극적인 서비스를 위한 산업화가 필요하다. 많은 수요가 일어나고 있으니 더 많은 공급이 필요하다.

낙원족 연대가 필요하다. 낙원족끼리 연대하고 힘을 합해야 낙원세상을 건설할 수 있다. 낙원족의 힘이 51퍼센트가 넘게 되면 낙원족들이 공동체를 통치하게 될 것이다. 응답하라! 당신은 낙원족인가 나 홀로 행복족인가?

내 인생의 주인은 나다. 마음의 자유 마음의 행복 누구나 마음껏 누리며 살 수 있다. 그리 못 사는 것은 내 마음의 탓이요 그리 사는 것은 내 마음의 힘이다. 내 마음은 오직 나만이 내 뜻대로 할 수 있다.

주변의 눈치를 보고, 남과 비교하고 경쟁하며, 남보다 앞서야 한다고 앞만 보며 더 높이, 더 빨리 경주마처럼 뛰어가는 인생은 행복한 인생이 아니다. 주체적으로, 자발적으로, 하고 싶은 대로 행동할 때 보람과 기쁨을 느끼게 된다. 쫓기듯이 쫓아가듯이 사는 인생은 각박하고 평화롭지 않다. 인생은 결과의 어떤 순간이 아니라 모든 과정 자체니까.

경쟁의식은 지성인의 의식이 아니다. 야만적인 의식이다.

두 개의 인생길

이제 21세기다. 4차 산업혁명으로 초연결 초융합의 스마트 시티가 건설되면 그 도시의 공동체에서 살아갈 인간의 의식도 초연결 초융합의 우주의식(영혼)으로 진화하게 될 것이다. 많은 사람이 영적으로 살아가는 영성사회 문화를 건설하게 될 것이다.

생명의식, 우주의식, 영혼으로 살기	몸나의식, 에고, 아집을 세우며 혼으로만 살기
느긋하게 너그럽게 하늘마음으로	바쁘게 까칠하게, 긴장하며 땅마음으로
다름을 이해하고 인정하며 자유롭게 살기	다름에 아집을 세우고 저항하고 부딪히며 살기
지혜롭게 자유롭게 온전하게 살기	어리석게 답답하게 대충 살기
무조건 행복하기	조건부 행복 쫓아다니기
공동체적 개인주의, 양심으로 살기	자기중심적 개인주의, 이기심으로 살기
자기 성찰과 명상하며 살기	스트레스 주고받으며 그냥 살기
다 함께 행복한 세상을 위하여 살기	나 홀로 행복을 위하여 살기
지성인으로 살기	지식인으로 살기
긍정적으로 낙천적으로 살기	비관적으로 불평불만 가득 안고 살기

지상낙원 건설

파라다이스는 인류의 이상이고 꿈이다. 현실에는 없는. 그래서 사람들은 천국이나 지옥을 죽은 뒤에 가는 곳으로 인식하고 있다. 지옥에 가지 않고 천국에 가기 위해 돈과 시간 등 많은 인생의 에너지를 사후 보험료로 종교에 바치기도 한다.

인류는 왜 현실에서의 낙원을 꿈꾸지 못하게 되었을까? 처음에 인류는 약육강식의 정글에서 생존을 위해 고군분투하며 살았다. 집단이 커지고 국가가 형성되었지만 이웃나라를 침략해서 빼앗고 군림하는 참혹하고 천박한 짐승 같은 역사가 이어졌다. 가끔 훌륭한 군주가 출현해 인민들에게 평화로운 세월을 선사하기도 했지만 자유와 평등을 함께 누릴 수 있는 사회는 드물었다.

이제 인류의 생활은 긴박한 생존에서 안정된 생존으로 정착한 듯하다. 아직 굶주리는 인민들이 있지만 분배를 잘 한다면 인류의 물질적 자산은 전체의 생존을 보장할 만큼 충분히 준비되었다. 1인의 군주가 통치하는 독재의 시대가 아니라 인민들의 뜻대로 통치하는 위임통치의 민주화 시대가 지구촌의 대세가 되었다. 민주화 시대에 인민대중은 어떤 국가공동체를 지향해 가야 할까?

모두 함께 평등하게 잘 살아보자고 했던 공산주의 혁명이 좌절한 것은, 혁명정신이 해이해지고 인민 각자의 자기중심적 개인주의 의식이 되살아났기 때문이다. 즉, 적게 일하고 많이 누리고자 하는 이기심을 표출하면서부터라고 할 수 있다. 이를 반면교사로 삼아 21세기 신인류는 영성을 차린 성숙한 지성인으로서 자유와 평등을 함께 누리는 지구촌 낙원을 성공적으로 건설할 수 있으리라 믿는다.

초연결 초융합 문명과 함께 보편적 지성인 영성지능으로 진화해가고 있는 지금, 인류가 한번도 도달해보지 못한 지상낙원을 처음으로 이룰 수 있는 역량이 충분히 무르익었다고 본다.

오늘날 지구촌에서 가장 행복한 나라 중 하나인 북유럽의 덴마크를 자세히 들여다보면 주주자본주의에 대비되는 사회자본주의가 성숙돼 있고, 무상교육과 무상의료 등 기본적인 사회보장이 든든하게 구축돼 있다. 사회가 투명하고 상호신뢰가 쌓여 있어서 사회적 갈등이 적다. 또한 직업에 귀천이 없어 하고 싶은 일을 스스로 선택하면서 자긍심을 느낀다. 학교나 사회에서 경쟁을 조장하지 않으므로 인간관계가 동무관계로 맺어져 있다. 자본주의와 협동조합 정신이 조화롭게 공존하고 있다. 비교적 자유와 평등을 함께 누리고 있다.

특히 학교에서의 동무관계 형성 노력은 글로벌 행복지수 1위의 덴마크를 가능하게 하는 중요한 힘이라고 할 수 있다. 이를 바탕으로 한 협동정신이 덴마크의 탄탄한 사회자본주의를 뒷받침하는 배경이다. 덴마크 사람들은 다섯 사람만 모이면 협동조합을 꾸릴 궁리를 한다고 한다. 삶이 행복하다고 대답하는 국민의 비율이 90퍼센트가 넘는 덴마크나 노르웨이는 지구촌 낙원이 지향할 모델이라 할 수 있다.

21세기에 주식회사는 이윤만 추구하는 영악한 경제적 활동을 넘어 사회적 가치를 생산하고 서비스하는 지성적인 활동을 해야 한다. 수만 명의 직원을 거느린 큰 회사라면 모든 소비자가 바라 마지않는 행복을 위해 복무할 수 있어야 한다. 그래야 직원들도 회사의 이익만이 아니라 공동체를 위해 자긍심을 가지고 행복하게 일할 수 있을 것이다.

이제 기업가들의 의식이 변하고 있다. 기업의 활동을 사회적 행복에까지 확장하려는 움직임이 일어나기 시작했다. 소비자들도 사회적 행복에 기여하는 주식회사를 사랑하게 될 것이다. 대기업들이 나서서 경쟁을 조장하는 자본주의의 사회적 적폐를 해소하고 지상낙원을 건설하는 큰 일꾼으로 혁신될 수 있을까? 21세기에 걸어보는 큰 희망이다.

자본가의 생명과 노동자의 생명은 모두 똑같은 지수화풍 자연이다. 모든 생명체는 원초적으로 평등하다. 진실로 평등하다.

인생의 완성, 구원

인생을 고통의 바다라고 말하기도 한다. 그 고통의 바다에서 완전하게 벗어남이 구원이다. 구원은 지상낙원과 함께 모든 인류의 오래된 꿈이다. 인생에도 상당한 영향을 미친다. 기복신앙을 따르는 사람도 있고, 내생을 믿는 사람도 있다. 어쨌든 인생의 모든 문제가 온전히, 흔쾌하게 해결되는 '구원'의 꿈을 품고 산다.

종교들의 가르침은 결국 구원을 이루기 위해 어떻게 살아야 하는가에 대한 내용이 핵심이라고 할 수 있다. 인간은 현세의 삶에서 비롯되는 질병이나 재앙, 두려움 등에서 벗어나기 위해 또는 죽음이나 죽음 뒤에 맞게 될, 알 수 없는 세계에 대한 두려움으로 구원을 열망한다. 구원은 그것을 얻으려는 자세에 따라 '신'이라고 하는 절대적인 힘에 의지하는 타력적 구원형과 스스로 얻을 수 있다고 믿는 자력적 구원형으로 나뉜다. 타력구원도 일정한 구원의 조건이 있고, 그 조건을 갖추기 위해 열심히 노력한다는 점에서 보면 자력구원의 노력과 크게 다르지 않다고 할 수 있다.

에고(몸나)의 뇌의식은 인생의 고통으로 가득하다. 대아(무아)의 영혼 속에는 에고(소아)의 고통이 없다. 대아는 영원한 생명이다. 몸나의식을 멈추기만 하면 바로 대아의식에 구원이 가득 펼쳐져 있다. 구원은 결코 멀리 있지 않다고, 바로 내 안에 언제나 가득 차려져 있다고 동서고금의 많은 성인과 종교들이 말하고 있지만 사람들은 믿지 않거나 알아듣지 못한 채 멀리서 구원을 찾고 있다.

'아무것도 안 하기 얼음 땡!'

소아가 아무것도 안 하고 멈추면 바로 대아의 생명의식이 가득 생생하게 펼쳐져 있다. 생명의식이 영혼이다. 생명의식에는 아무 걱정도 불만도 없다.

아브라함 계열의 유대교와 그리스도교·이슬람교 등은 타력구원을

무엇인가 하면 고통과 기쁨을 느낀다.
멈추고 아무것도 안 할 때, 가득 펼쳐진 영혼의 평화가 구원이다.
사랑하고 미워하며 행복과 불행을 연출하면서 버겁게 걸머진 짐 멈추고 내려놓으시라.
구원의 바다 영혼 속에 그대의 안온한 항구를 지으시라. 죽음 속에는 구원이 없나니.

교리로 하고, 유교·불교·도교·힌두교 등은 자력구원의 가르침을 가지고 있다.

공자와 노자의 가르침을 따르는 유교와 도교에서는 천지자연을 하늘 즉 절대자로 설정하고, 성性-도道-교敎로 이어지는 자연의 근본 질서를 따르도록 가르쳤다. 공자는 천도天道를 따르는 인도人道를 인의예지라 설하고, 인의예지를 실천하며 성인군자를 지향하는 삶이 평화로운 공동체를 도모하는 최고의 인생이라고 역설했다. 노자는 무위자연의 천도를 따르는 게 최고의 인생의 길이라고 가르쳤다.

공자와 노자는 천지자연을 인간이 거역할 수 없는 최고의 절대자로 보고 이미 완성된 원만구족한 자연에 순응하며 자연 속에서 평화롭게 삶이 더 위가 없는 궁극적인 구원이라고 보았다(자연주의적 구원관).

그리스도교는 현세가 아닌 하늘나라에 천국과 지옥을 설정해놓고 죽은 뒤에 천국에서 살게 되는 걸 구원이라 말한다. 인간은 타고난 원죄를 스스로 벗어날 수 없는 존재이기 때문에 신의 도움 즉 은총 없이는 구원될 수 없으며, 은총을 통해서 구원받으려면 그리스도에 대한 믿음이 전제되어야 한다는 것이다. 천국에 가려면 마음이 가난해야 한다, 어린아이처럼 순수해야 한다, 낮은 데로 임해야 한다고 가르친다. 한편으로는 휴거를 통해 죄 없는 자들만 구원한다고 하는 설정도 있다. 그리스도교 신자들은 이러한 가르침대로 살면서 하느님이 내리실 구원의 심판을 기다린다. 하지만 이 경우에도 인생을 잘 살아야 구원을 받을 수 있으므로 자력구원과 대동소이하다고 할 수 있다.

힌두교에서는 에고(소아적 아집)의 어리석은 의식에서 벗어나 무아(대아)의 참나에 동참하는 것을 구원이라고 한다. 구원은 하루아침에 이루어지지 않는다. 여러 번 환생하면서 에고를 닦는 수행을 해야 마침내 아라한이 된다. 욕망을 이루되 그것이 궁극적인 것이 아님을 알아야 한다. 부귀영화를 누리되 역시 최종목표가 아님을 알고 다음 목표인 종교적 의무를 위해 포기할 수 있어야 한다. 마지막 목표인 구원을 얻는 구체적 방법으로 여러 가지 수행을 권한다.

불교의 구원은 소아적인 욕망과 집착을 멈추고 열반(대아)에 드는 것이다. 그러한 상태가 인생의 소아적인 고통으로부터의 해탈이다. 해탈에 이르기 위해서는 현세에서 계정혜 육바라밀 팔정도八正道를 실천하는 등 많은 수행을 하며 계율을 지켜야 한다. 즉 열반은 저절로 오는 것이 아니라 현세에서 끊임없이 노력해야 얻어지는 것이다. 궁극적인 최고의 구원은 다시는 고통스러운 소아적인 인생에 참여하지 않도록 윤회를 멈추는 것이다. 그것이 바로 열반이고, 열반의 길은 깨달음과 닦음을 통해 부처가 되는 것이다.

우리는 깨달음과 명상을 통해 얼마든지 영혼을 확인하고 무아의 영혼에 안주할 수 있다. 영혼은 이미 완성된 충만한 의식이다. 영혼 안에서 말고 다른 구원은 있을 수 없다. 우주자연에서 의식은 영혼 하나밖에 없으므로 구원은 생명의식 안에서만 차려질 수 있다. 의식의 밖은 아무 인식도 없는 암흑이다. 암흑이라는 느낌도 무無라는 인식도 없다. 영혼은 무한한 가능성이다. 낙원을 건설할 수도, 지옥을 건설할 수도 있다. 그동안 하나의 영혼[自然神]을 두고 각기 다른 이름으로 부르며 갈등하고 싸우는 일이 끊이질 않았다.

이제 이렇게 하자. 모든 종교적 분쟁과 갈등을 끝내고 평화로운 지구촌 낙원이 될 수 있도록 하느님·알라신·부처님·브라흐만 등 각기 다른 이름들을 글로벌 자연주의 시대에 걸맞게 '자연신'이라고, '영혼'이라고 이름을 통일해버리자. 그리하여 21세기에는 영성지능 가득 차린 신인류의 낙원을 건설하자.

세속의 거친 바다에서 언제든지 편히 쉴 안온한 항구를 영혼 속에 건설하자. 영원하고 무한한 영혼 속에 나의 구원의 집을 짓자.

아무것도 안 하기 얼음 땡!

제2부

인생학교

1

인생학교 체제 구축

교육혁신의 총체적인 방향

지금의 학교는 입시경쟁 체제하에 지식 위주의 교육에 매진하고 있지만 그나마 사교육의 위세에 위축되어 있는 형국이다. 4차 산업혁명 시대에 많은 정보와 지식을 인간의 뇌에 저장하고자 하는 지식 위주의 학교 교육은 이제 혁신의 대상이 되고 있다. 지식이 인생의 도구라면 지성은 그 도구를 활용하며 인생을 살아가는 주체성이다.

〈인생의 정석〉교과는 우리의 지식인 학교에 플러스 인생학교 체제를 구축하고 지성인 되기 인성교육. 도덕·윤리 교육, 영성함양, 행복한 삶, 인생설계 진로탐구, 통찰력 기르기 등 21세기 신인류들이 인생을 잘 살아내기 위해 꼭 갖추어야 할 기본역량을 함양하고 평생 자기성찰 하며, 지혜롭게 살아가는 자세를 길러주기 위한 통합교과이다.

항상 가장 바람직한 교육으로 서 있기 위해서 교육은 끊임없이 혁신의 대상이 되어야 할 것이다. 모든 대안교육과 혁신교육이 지향할 방향은 결국 바람직한 인생살이를 위한 지식과 지성의 조화로운 함양이다. 지나치게 편향된 지식 위주의 학교에 플러스 지성인 되기 인생학교 체제를 구축함이 교육혁신의 기본이자 총체적인 방향이 될 수 있을 것이다.

인생학교 체제

교장을 인생학교 책임자로 하고, 담임교사는 3년 이상 연임하며 학생들의 인생 멘토가 된다. 〈인생의 정석〉을 기본 교재로 하고 지성인 되기 인성교육, 도덕·윤리, 행복한 인생, 인생철학, 인생인문학, 진로지도, 영성지능 개발, 건강한 몸과 마음, 창의력 기르기, 호연지기 의식 확장 등을 아우르는 인생 관련 통합교과로 자리 잡게 한다. 담임의 조회와 종례시간을 10~20분 늘려서 인생학교 수업시간으로 활용하고, 담임교사에게는 인생학교 1교시 수업시수를 인정한다.

도덕·윤리나 진로지도 상담 시간 등을 '인생학교'로 통합하고, 조회와 종례, 자율학습 시간을 활용하면 수업시수가 늘어나지 않게 조정할 수 있을 것이다.

선구적인 인생학교 모델 제시

북유럽의 학교들처럼 학교 밖에 1년 과정의 각급 인생학교를 세우면 좋지만 아직 우리의 여건이 안 된다면, 차선책으로 또는 더 바람직한 공교육 혁신의 방안으로 기존의 학교 안에 인생학교 구축을 고민해보자. 이제 북유럽 교육 선진국들 부러워하며 따라하기 흉내내기 그만하고 지구촌 학교 중에서 가장 선구적인 인생학교를 우리 학교 안에 구축해보자.

21세기에 요구되는 영성지능 함양과 4차 산업혁명, 5차 산업혁명을 잘 해내기 위해서도 뇌의식을 우주의식으로 확장하는 깨달음과 명상

공부에 더 늦지 않게 나서야 한다. 지금은 동양보다 오히려 서구에서 명상과 영성지능에 대한 관심이 높다. 서구 특히 미국에서는 이미 명상이 정신과학과 의학의 한 분야로 자리 잡아가고 있다.

동양정신문화의 전통인 깨달음과 닦음의 지성인 되기 인생학교 소식은 서구의 교육계에 신선한 동풍이 될 수 있을 것이다.

인생학교 구축사업은 전 지구촌적인 계획이다. 21세기 지구촌의 모든 학교에 〈인생의 정석〉을 공통 교재로 공급하고, 다 함께 행복한 낙원 건설을 공부하게 되기를 기대해본다. 경제적인 세계화를 넘어 정신적인 세계화로 가는 길에서 교육계가 감당해야 할 역할일 것이다.

인생학교지원센터

〈인생의 정석〉은 인생 멘토인 담임교사들을 위한 미완성 교재다. 기본 골격과 교수법 등을 제시하지만, 현장에서는 교사들이 교재를 이해하고 해석한 다음 아이들 눈높이에 맞게 재구성하면서 가르쳐야 한다. '인생학교지원센터'에서는 이 교재를 활용한 현장 수업 사례를 공모하고, 다양한 사례들을 보조교재로 채택하여 공유하고자 한다. 1년 동안의 생생한 현장교육 경험들은 동료 교사들에게 훌륭한 교육사례로 활용될 수 있을 것이다.

또한 인생학교지원센터는 온오프라인을 통해 담임교사의 인생학교 수업을 부족함 없이 안내하고 지원할 것이다. 결과적으로 교사의 인생관을 아이들에게 전수하게 될 것이므로 교사는 가르치기에 앞서 〈인생의 정석〉을 스스로의 삶에 밸 정도로 체화하고, 스스로 행복한 인생을 살아내는 지성인이 되어야 할 것이다.

　인생학교 공부는 기존 학교의 윤리도덕 수업처럼 '진도 나가기'식의 실효성 없는 윤리 지식이나 덕목 나열식 이론 수업에 그쳐서는 안 될 것이다. 앞으로 교육대나 사범대에서 담임학과를 개설하고 지성인으로 훈육된 담임들이 담당해야 할 역할이지만, 우선 뜻있는 교사들이 스스로 공부하고 가르쳐서 우리나라뿐 아니라 장차 21세기 지구촌에 모범적인 인생교육 모델이 될 수 있도록 선구적인 역할을 감당해주기를 기대한다.

　이 교재는 초등학생부터 대학생, 일반인까지 그리고 지구촌의 21세기 신인류 누구나 인생의 지침으로 삼을 수 있도록 기획되었다. 동서고금을 통해 근본적이고 전체적인 인생의 정체를 통찰하는 힘을 기르고, 명상을 통해 평생 자기성찰하며 살아가는 인성 함양을 위한 기본적인 교사용 지침서의 역할을 하게 될 것이다. 다만 각 학교, 학급별로 최적화된 다양한 교수방법 개발은 선구적인 담임교사들의 몫으로 될 것이다.

인생학교 교사

　학교와 교실에 표어나 간판 등 인생 관련 게시물을 전시하여 인생학교 분위기를 조성한다. 아울러 각 반별로 마음공부, 명상, 우주인 되기, 행복한 인생 등과 관련한 구호나 노랫말을 지어서 제창하며 그 뜻을 상기하게 하는 등의 아이디어들이 필요하다.

학기 말과 학년 말에 〈인생의 정석〉을 공부한 학생에게 지성인 인증서를 수여한다. 학기 초와 학기 말에 행복지수를 측정하고 비교함으로써 행복지수 향상을 위해 노력한다. 담임교사는 3년 이상 연임을 기본으로 하고, 아이들의 성장을 지켜보며 학부모와 소통하는 인생 멘토의 역할을 한다.

담임교사는 학생들의 특기·적성을 찾기 위해 지속적으로 관찰한다. 무엇을 잘하는지 무엇을 좋아하는지 계속 질문하여 스스로의 화두(의문)가 되게 한다.

일과성 진도 나가기식 수업이 아니고 잘 될 때까지 반복해서 수련하고 도야하는 공부가 되어야 한다. 아울러 학생들과 깊이 소통하면서 학생별 맞춤 공부가 되어야 한다. 매일 인생일기를 쓰도록 지도 점검하며, 급우들과 일기 나누기를 한다. 이를 통해 일상생활 현장에서 표현되는 학생들의 인성을 확인하고 더 성숙한 인성으로 안내한다. 또한 일기 쓰기를 통해 일상생활을 정리하고 표현하는 능력도 기르게 한다.

국가는 고입이나 대입 때 '지성인 인증'을 필수 통과 자격으로 정함으로써 인생학교의 지성인 되기 교육에 힘을 실어줄 것이다. 학년 말에는 반 전체의 인생일기를 모아서 지난 1년의 인생살이를 정리하고 성찰하는 기념 회고록을 발행하고 학생과 학부모와 공유한다.

책임자인 교장은 인생학교가 학년별·반별로 실효성 있게 잘 운용되고 있는지 확인하고 격려한다. 아울러 학교와 교육지원청 차원에서 더 지원해야 할 사항은 없는지 점검한다. 또 학교 외부의 전문기관인 인생학교지원센터와 지속적으로 소통하며 인생학교가 실효성 있는 바람직한 방향을 향해 나아가도록 최선을 다한다.

인생학교 학생

학창시절은 인생에서 가장 빛나는 청춘의 시절이다. 아울러 평생 살아갈 인생을 준비하며 성장하는 중요한 시기다. 학교를 졸업하고 인생의 너른 바다를 항해할 도구는 전문지식이고, 그 도구를 사용할 마음의 준비는 지성이다. '나는 이 세상에서 어떻게 살아야 하는가' 고민하고 또 고민하면서 자아정체관과 세계관을 정립하는 시점이기도 하다.

건축물을 짓기 위해서는 설계도가 필요하다. 내가 살고 싶은 인생을 주체적으로 살 수 있도록 먼저 인생의 설계도를 그려보도록 하자. 인생학교에는 인생의 선배요 전문교육을 이수한 담임교사가 인생 멘토로 든든하게 곁을 지키고, 동서고금의 수많은 선배·성현들의 지혜가 결집된 〈인생의 정석〉 교재도 있다. 그리고 부모님과도 늘 소통할 수 있다. 담임교사와 〈인생의 정석〉 그리고 부모님이라는 세 개의 큰 힘을 등불로 삼아 인생을 설계하고 준비하는 공부를 진지하게 한번 해보시라. 단 한번뿐인 소중한 나의 인생을 위하여!

인생학교 학부모

아이들은 학교에 오기 전에 이미 가정에서 인성이 거의 고정돼 있는 상태다. 매일 매일의 가정생활은 학교보다 더 강하게 인성에 영향을 미친다고 할 수 있다. 가정마다 환경과 여건이 다르므로 아이들마다 각기 다른 인성을 품게 된다. 학교는 이미 길들여져 있는 다양하고 강고한 개별적 인성을 어떻게 보편적인 사회적 인성으로 교정할 수 있을 것인가의 버거운 과제를 안고 있다.

인간에겐 두 개의 본성이 있다. 개별성(개인주의)과 보편성(공동체성)이다. 개별성 하나만 가지고 공동체 생활을 하게 되면 인생을 더 힘들게 살 수밖에 없다. 인간은 사회적 동물이다. 가족공동체, 학교공동체, 직장공동체, 지역사회, 국가공동체 등에서 고립되고 낙오되는 그 자체가 인생의 큰 고통이다. 공동체 안에서 사랑받고 인정받는 사람이 행복한 사람이다. 공동체 속에서 인정받는 행복한 인생을 원한다면 공동체적인 인성 함양은 꼭 필요한 공부다.

학부모가 먼저 인생공부를 제대로 해야 한다. 지성인도 아니고 스스로 행복하지도 않으면서 아이에게 무엇을 가르친단 말인가?

내 자식과 다른 자식들이 함께 어울리며 행복한 공동체를 만들 수 있게, 또래 친구들을 경쟁자가 아닌 인생을 함께 살아갈 동무로 사랑하며 살라고 당부해야 한다.

학부모도 〈인생의 정석〉 교재를 함께 공부해야 한다. 학부모들이 취지에 공감하며 함께 공부한다면 학생들의 인생교육에도 큰 힘이 될 것이다. 아울러 가정공동체의 평화와 행복을 위해서도 꼭 필요한 공부다.

교육청과 교육부

국회 차원에서 '인성교육진흥법'을 제정해서 인성교육을 교육당국에 강요하기에 이르렀다. 교육당국이 스스로 수행하지 못하는 것을 국민의 대변자인 국회가 질책한 것이다.

지금 우리 청소년들의 인성은 바람직한 공동체 생활을 해나가기에는 너무나 부적합한 소아적이고 자기중심적인 개인주의 인성으로 무장되어 있다. 주주자본주의의 경쟁사회와 그 사회에 부역하는 경쟁적인 교육체계가 형성한 불평등 사회가 주범이다. 성적순으로 줄을 세우고, 직업을 서열화하며 경쟁을 부추기고 불평등을 조장하는 어리석음 속에서 청소년들은 '헬조선'을 외친다. 우리나라 청소년 자살률이 전 세계 상위권을 차지하고 있는 걸 보면 잘 알 수 있다.

유소년기부터 학교에서, 가정에서 동무관계보다 경쟁관계 삼기를 집요하게 부추기면서, 한편에서 인성교육 잘하기를 기대하는 건 터무니없는 헛발질이다.

인성이 황폐화하면 미국처럼 힘세고 돈 많은 나라가 된다 해도 결코 행복할 수 없다. 인성교육과 도덕·윤리 교육을 하는 이유는 행복한 공동체, 다 함께 행복할 수 있는 사회를 건설하기 위해서다. 개인적이고 이기적인 심리는 가르치지 않아도 동물적인 본능에 의해 누구나 이미 지나치게 잘 무장되어 있다. 하지만 인간의 또 다른 본성인 보편성과 공동체성을 이끌어내고 발휘하기 위해서는 지성인 되기 인성교육이 꼭 필요하다.

도둑의 손에 들린 칼과 요리사의 손에 들린 칼은 할 수 있는 일과 하는 일이 다르다. 지식이라는 도구도 마찬가지다. 똑같은 컴퓨터 지식을 가지고도 어떤 사람은 유익한 프로그램을 개발하고 어떤 사람은 해커가 되어 많은 피해를 준다. 공동체의식이 부족한 이기적인 지식인은 사회의 투명성과 신뢰를 무너지게 하고 결국 국가나 사회의 생산성과 경쟁력을 떨어뜨리게 한다.

지금 우리는 불평등하고 자기중심적인 개인주의가 만연한 미국식 주주자본주의 경제체제와 교육체제를 똑같이 따라하고 있다. 반면에 북유럽 국가들은 사회자본주의를 하면서 협동조합 경제 취지도 잘 살리고 있다. 다 함께 행복주의의 경제체제와 교육을 지향하며 글로벌 행복지수 상위권을 차지하고 있다.

교육당국자들은 왕따와 학교 폭력, 청소년 자살을 막으라고 교사들만 닦달하지 말고 경쟁적 교육체제의 교육적 무소신을 먼저 성찰해야 할 것이다.

아직 어리고 순수한 우리 청소년들이 견딜 수 없을 정도로 마음의 고통을 겪고 자살을 하게 만드는 공동정범, 그들은 누구인가? 동무들과 마음껏 신나게 뛰어놀아야 할 아이들에게서 놀이할 시간과 장소를 빼앗고 공부만 열심히 하라고 경쟁의 마당에 떠미는 학부모들도 공동정

범이다. 아이들이 동무들과 마음껏 뛰놀면서 창의력과 자발성, 협동심, 주체성이 쑥쑥 자란다는 사실을 아직도 모르고 있는 걸까?

아이들이 행복한 나라, 북유럽 교육은 우리와 어떤 점이 다를까?

우리는 아이들 엉덩이가 의자에서 떨어지지 않도록 열심히 공부만 하라고 부추긴다. 하지만 북유럽의 한 교장은 말한다. "우리는 아이들 엉덩이를 어떻게 하면 의자에서 떨어뜨려 놓을까, 밖에 나가서 동무들과 뛰놀게 할 수 있을까 고민합니다"라고. 어느 학부모는 "우리는 아이가 빨리 잠들기를 바랍니다. 오래 푹 자야 내일 다시 동무들과 건강하게 신나게 뛰놀 수 있을 테니까요"라고 말한다.

이런 나라 아이들이 무엇이 괴로워서 자살을 하겠는가? 날마다 함께 놀아주는 동무들을 왜 왕따를 시키고 폭행을 하겠는가? 북유럽 국가들은 교육 경쟁력과 아이들의 행복을 함께 지키는 교육선진국들이다.

나중에 성공한 후에 그리고 또 나중에, 또 나중에 하면서 현재의 행복을 미루는 '조건부 행복론자'에게는 결코 행복해질 때가 오지 않는다. 아이들이 공부 스트레스와 우울증 등 정신적 장애로 고통스러워하지 않게, 자발적·주도적으로 마음껏 놀면서 동무관계를 맺을 수 있게 힘껏 응원해야 한다. 경쟁심을 조장함은 야만적인 인성을 조장함이다.

인생의 목적은 행복이다.

학교에서 행복과 불행이 무엇인지, 어떻게 행복한 인생의 길 위에서 살아갈 수 있는지 공부해야 한다. 학생들이 행복에 대해 공부하지 않아서 평생 행복에 서툴게 함은 교육의 직무유기다.

교육부는 지식인 교육 플러스 지성인 교육을 위해 초-중-고 학교에 인생학교를 구축해야 한다. 아울러 인생학교를 지원할 '인생학교지원센터'도 설립해야 한다.

지성인 되기, 수양인 되기, 낙원족 되기 공부에 힘을 실어주기 위해 〈인생의 정석〉을 필수 이수과목으로 정하고 대학입시에 '지성인 인증'을 기본적인 통과 자격으로 부여해야 한다.

2

인생학교 공부

지성인 되기

　깨달음 공부를 통해 자아정체관 세계관을 잘 정립하고 지성인다운 인생관을 세운 사람이 공동체에서 지혜롭고 자유롭게 생활을 해나간다면 가히 지성인이라 칭해도 될 것이다. 반대로 내가 누구인지도 모르고 세상이 어떤 원리로 운영되는지도 모르면서 몸 주변의 세상만을 바라보며 편협하게 살아가는 인생은 어리석고 자유롭지 못한 인생이라고 할 것이다.

　4차 산업혁명이 진행되는 21세기에는 과학적 자연주의 플러스 통찰적 자연주의 사상이 필요하다. 〈인생의 정석〉은 드넓은 인문학의 바다에서 헤매는 예비 지성인들에게 인생인문학의 전체 골격을 보여주는 간결하고 선명한 그림이 될 것이다.

　자아정체관과 세계관을 제대로 정립하기 위한 노력 자체가 철학적 통찰의 작업이다. 인문학의 뿌리는 인간의 본성이다. 인간의 본성으로부터 전개되고 연역되고 다시 본성으로 귀납되는 세상사의 원리를 공부함으로써 복잡다단한 인생을 간결하고 선명하게 한눈에 볼 수 있는 인생철학의 통찰력을 기르게 될 것이다.

　인류의 과거와 현재, 미래의 전체 그림에서 현재의 좌표를 읽어낼 수 있어야 인생의 방향이 보이고, 어떤 삶이 바람직한지 더욱 또렷해질 것이다. 그리고 〈인생의 정석〉이 제시하는 기본적인 인문학의 골격에 인터넷 검색 등을 통해 살을 붙여 나가면 인생과 인문학의 생생한 전체

그림을 완성해 갈 수 있을 것이다.

행복한 삶

　인생의 목적은 행복한 삶이다. 우리가 행복하지 못한 이유는 어쩌면 학교에서 행복에 대해 제대로 공부하지 않았기 때문인지도 모른다. 행복과 불행의 원리에 대해 공부하고 행복한 삶의 길 위에 서서 인생을 살아갈 수 있는 역량을 길러서 20여 년 학창시절부터 빛나는 아름다운 청춘이 되게 하자.

　행복은 느낌이다. 정서다. 마음의 행복은 누구나, 언제나 누릴 수 있음을 공부해보자.

　'인생은 원래 고통스러운 것이다'라는 말이 있다. 현대에는 인간이 겪는 심적인 고통을 모두 스트레스라는 말로 표현한다. 같은 사회에서도 스트레스가 많은 사람이 있고 적은 사람이 있다. 스트레스가 많은 사회도 있고 적은 사회도 있다. 스트레스란 무엇인가. 왜 일어나는가. 어떻게 스트레스가 일어나지 않게 할 수 있는가. 우리 스스로 스트레스 전문가가 되어야 한다.

　스트레스로 마음이 아픈 사람은 건강한 사람이 아니다. 아픈 사람은 행복하지 않다. 〈인생의 정석〉은 일희일비하는 행복관 말고 삶 전체가 안정된 행복한 인생을 살아갈 수 있도록 소아의식을 대아의식으로 확장하는 공부를 한다. 즉 행불행의 원리와 행복한 삶의 중요한 요소들을 공부하는 것이다.

영성지능 함양

느긋하고 너그러운 영적인 삶을 위하여 호연지기 기르기, 의식확장 명상이 필요하다. 의식을 확장하면 창의력도 확장된다.

세계보건기구 WHO는 21세기 초입인 2000년에 '건강'의 정의를 '장애와 질병이 없으면서 신체적, 정신적, 사회적으로 건강한 상태'에서 '신체적, 정신적, 사회적 건강 플러스 영성이 다이내믹한 상태'로 확대 개정했다.

인생이 지닌 대부분의 정신적인 문제는 스스로 영적인 존재이면서 영적으로 살지 못하고 있는 한계에서 온다. 아울러 세속적 소아적으로만 사는 데서 오는 영적인 욕구불만이다. 서양에서는 기독교가 무소부재한 성령을 중심으로 영적인 삶을 살도록 격려했고, 동양의 불교는 '개유불성'皆有佛性이라고 하면서 자신 안에 자리 잡고 있는 부처의 삶을 살라고 가르쳤다.

영성에 눈을 뜬다는 것은 우주 전체의 빅데이터인 우주의식과 연결되어 최고의 창의력을 발휘할 가능성을 가지게 된다는 뜻이다. 예로부터 예술가들은 모두 영감을 통해 위대한 작품을 창작할 수 있었다. 몸 감각인 5감을 초월하는 제6의 감인 영성지능의 함양이 필요하다. 21세기에는 협소한 뇌의식만으로는 4차 5차 산업혁명의 문화를 감당하기에 버거울 것이다.

영성지능은 심리학자나 정신과학자들의 연구에 의해 확인된 인간의 중요한 지능 중 하나다. 21세기 신인류는 인생학교를 통해 영적인 깨달음과 영적인 삶을 살아낼 수 있는 역량을 길러야 한다.

학교에서 전인교육과 실효성 있는 인성교육을 지향한다면 영성지능 개발을 위한 공부가 꼭 필요하다. 이미 명상을 통해 스스로 영적인 삶을 살고자 노력하는 사람들이 지구촌 곳곳에서 늘어나고 있다. 이제 목사, 신부, 스님의 도움 없이도 스스로 명상을 통해 자신의 영성을 개발하고 영적인 삶을 살아갈 수 있는 명상 문화가 도도히 번져가고 있다.

인성교육

현대인의 주 이념은 사회주의나 자본주의가 아니라 '자기중심적 개인주의'다. 개인주의가 나쁜 것은 아니지만 자기중심적 개인주의는 자기밖에 모르고 자기만 행복하면 된다고 생각하며 경쟁하고 이기적으로 행동하므로 공동체 속에서 타인과 조화롭게 어울리지 못하고 늘 부딪히며 갈등하고 스트레스를 받는다. 결국 자신의 행복도 지키지 못한다.

인성교육의 가장 큰 장애는 자기중심적 개인주의자들의 나 홀로 행복주의와 경쟁심 가득한 경쟁관계. 당면한 인성교육의 과제와 방향은 결국 자기중심적 개인주의를 공동체적 개인주의로 바꾸고 경쟁관계를 동무관계로 교정하는 일이다.

깨달음을 통해 보편성인 양심을 확인하고, 자기중심적인 이기심을 닦고 양심을 기르는 수양공부를 지속적이고 일관되게 한다면 강고한 이기심을 누그러뜨리는 인성교육과 윤리교육의 실효성 있는 성과를 기대할 수 있을 것이다.

자기중심적 개인주의자는 조직문화에 적응하기 힘들어한다. 동무와 약자를 배려하는 너그러움이 부족하다. 자기주장만 옳고, 자기만 중요하고, 자기방어 의식이 강하다. 특히 이기적인 자기중심적 개인주의자가 성공하여 큰 힘(권력)을 갖게 되면 그 힘을 자신을 위해 쓰느라 만인의 지탄을 받고 불법을 저질러 감옥에 가기도 한다.

진로 탐색과 인생 계획

인생의 4대 내용은 먹고, 자고, 일(공부)하고, 노는 것이다. 그중에서 어떤 일을 하며 살 것인가의 고민이 진로 탐색 분야다. 진로 탐색에서 먼저 고려할 사항은 어떤 일을 해야 행복하게 살 수 있을까 하는 것이다. 이때 자기가 하고 싶은 일, 자기가 잘할 수 있는 일, 공동체를 위해 누군가는 해야만 하는 일 세 분야로 나누어서 접근하는 게 바람직하다. 하지만 현실에서는 몸 편하고, 돈 많이 벌고, 폼나는 직업을 선택하도록 부모와 사회로부터 압박당한다.

직업은 서열화돼 있고, 교육도 성적으로 줄 세우기를 하고 있다. 직업에 서열이 세워져 있으면 개인의 소질이나 자신이 하고 싶은 일을 따라 진로를 정하기가 어렵다. 각자의 특기와 적성을 살려 실력 있는 사회적 일꾼이 되는 진로를 막아버리고 있다. 크나큰 사회적 손실이다.

하지만 언제까지 세상 탓만 할 것인가. 이 교육적 난국을 헤쳐나갈 최고의 적임자는 바로 담임교사들이다. 신뢰받는 인생 멘토가 되어 학생들과 함께 부조리한 세상에 의연히 맞서서 기성사회의 어리석은 인식을 바꾸어 나가는 데 앞장서주시라.

내 삶의 주인은 나다. 내 인생의 진로를 내가 먼저 주체적으로 고민해야 한다. 나는 어떤 일을 하고 싶은지, 무엇을 할 때 가장 기쁜지, 세상에 꼭 필요한 일은 어떤 일인지 끊임없이 묻고 또 물으라. 자신 안에서 뚜렷한 응답이 들릴 때까지.

자신의 특기 적성이나 진로가 일찍 찾아지는 사람도 있고 잘 찾아지지 않는 사람도 있을 것이다. 인터넷에서 '자기가 하고 싶은 일 찾는 방법'을 검색해보면 많은 아이디어가 올라와 있다. 조급해하지 말고 끈기 있게 인생의 진로를 정하는 일에 최선을 다할 수 있도록 담임교사가 지속적으로 관심을 갖고 지켜보며 격려하고, 그 과정을 학부모와 공유해야 한다.

주체성 자발성 기르기

부모가 내 진로를 결정해버린다면 직장생활 등 인생의 과정에서 내내 겪게 될 행복과 불행의 순간들은 누가 감당해준단 말인가? 부모가 어떻게 살아야 할지까지 걱정하고 간섭한다면 부모도 힘들고 자식도 힘들다. 자식의 삶은 자식의 몫이다. 독립된 삶의 주체임을 인정하고 존중해야 한다.

자식의 입장에서 부모의 애정과 바람은 고려하되 한 번뿐인 소중한 인생의 진로는 스스로 정하고 그 결과도 스스로 안으며 살아간다는 주인된 자세로 의연하고 단호해야 할 것이다. 자아정체관 세우기 공부를 통해 나는 천상천하에 유일한 내 삶의 주인임을 자명하게 확인할 수 있다.

청소년기의 주체성과 자발성은 지식 공부가 아닌 놀이를 통해 길러진다. 놀이는 재미있고 즐거우므로 스스로 자발적으로 참여한다. 놀이 과정에 어른들이 간섭하지 않으면 주체적으로 놀이를 이끌어가면서 주체성, 자발성, 창의력을 스스로 함양하게 된다.

어른은 놀이시간과 장소, 여건을 마련해주고 놀이를 통해 동무관계를 형성하도록 배려해줘야 한다. 20여 년 학창시절의 빛나는 청춘을 위해. 동무관계를 형성하고 동무들과 교내외 활동을 함께 나누면서 공동체 의식과 사회성을 스스로 깨우치고 함양해 나가는 실효성 있는 공부가 될 것이다.

놀아본 사람이 놀 줄 안다. 동무도 사귀어 본 사람이 사귈 줄 안다. 시간과 돈이 충분히 있다 해도 놀 줄 모르고 동무가 없으면 무슨 소용이겠는가? 50분 수업하고 10분 쉬면 놀이를 할 수 없다. 수업을 몰아서 하고 30분 이상 쉬게 하면 놀이를 할 수 있을 것이다. 놀이교육 선구자들은 우리 교육현장에 놀이의 중요성과 방법을 보급하려 많은 노력을 하고 있다. 담임교사들이 학교 안팎의 놀이에 대해 대책을 세우고 안내를 할 수 있을 것이다.

아울러 동아리 활동, 함께 여행하기, 함께 토론하고 공부하기 등을 통해 함께 살기의 즐거움과 가치를 알게 하고, 협동·협업이 홀로 하는 것보다 자신에게 더 이익이 된다는 것을 깨닫게 하는 구체적인 체험학습이 될 수 있도록 지도해야 한다.

동무관계 맺기

행불행의 5대 요건 중 하나가 인간관계다. 인생의 내용을 들여다보면 인간관계가 주를 이루고 있다. 인간관계를 잘 맺고 따뜻한 관계로 이어가게 하는 역량은 너무나 소중하다.

교육 선진국들은 유소년기부터 경쟁심을 유발하지 않도록 세심한 교육적 배려를 한다. 함께 놀고, 무엇이든 함께함으로써 신뢰가 쌓이고 행복한 정서도 맛볼 수 있게 한다.

유소년기에 인간관계가 동무관계로 맺어지느냐 경쟁관계로 형성되느냐에 따라 인성교육은 판가름 난다고 말할 수도 있다. 경쟁의식의 조장은 자기중심적인 개인주의자가 되게 하고, 학교와 직장과 공동체의 인간관계에서 나와 상관없는 남남으로 느껴지고 긴장과 갈등과 냉랭한 정서를 차리게 할 것이다. 반면에 동무정서 함양은 공동체를 통한 연대감이 느껴지고 든든한 신뢰의 기운들이 느껴지게 할 것이다.

동무관계 맺기는 몸으로 부딪히며 함께 뛰어놀게 하는 게 최선이다. 동무관계를 강제로 맺어줄 수는 없다. 혼자서 하는 놀이보다 함께 놀기가 더 즐거운 줄을 알게 되면 시키지 않아도 함께 놀고 싶어질 것이다. 동아리 활동하기, 함께 여행 가기 등 학교 밖 활동도 도움이 될 것이다.

더불어 세상의 모든 생명체는 남이 아니고 동포라는 깨달음과 그 의식을 확장하는 명상을 함으로써 더 따뜻하고 너그러운 마음을 차릴 수 있게 될 것이다.

부록

〈인생의 정석〉 수업하기

　〈인생의 정석〉을 학생들과 함께 구체적으로 공부하기 위한 개괄적인 수업계획안이다. 교사 스스로 자신의 삶 속에서 〈인생의 정석〉을 공부하고 실천해보면서 재량에 따라 수업계획을 세우고 가르칠 수 있을 것이다. 교사도 학생과 함께 공부하며 더 성숙해진다는 자세로 임해야 한다.

지성인 되기 공부

1) 깨달음의 의의와 동기부여

- 내가 누군지 제대로 알고 온전하게 인생을 살 것인지 누군지도 모르고 대충 살려는지 묻는다. 학생들과 토론하며 더 깊은 공감대를 형성한다.
- 소중한 인생을 지혜롭고 자유롭게 살 것인지 어리석고 답답하게 살 것인지 묻는다.
  지혜롭고 자유로운 삶이 가장 훌륭한 인생임을 공감하게 한다.

- 지식인 플러스 지성인 되기의 동기를 부여한다.
- 인류의 깨달음을 위한 노력들을 알아본다. 출가, 입산수도·장좌불와, 고행 등.

2) 자아정체관 공부

- 나는 누구인지 묻는다.
- 나에 대해 잘못 알고 살아가고 있음을 확인한다.
- 소아적이고 왜소한 몸만을 나라고 여기며 어리석은 인생을 살아가고 있음을 확인한다.
- 혼(정신·마음)만을 나라고 하는 자아정체관에서 우주의식과 연결된 영혼이 온전한 '나'임을 확인한다.
- 화두를 준다. "생명이란 무엇인가? 하나의 생명체가 살아있기 위해서 무엇들이 필요할까?" 스스로 끝까지 의심하며 답을 구하는 훈련을 하게 한다. 의문이 없는 사람은 답을 구하지도 못한다. 답을 글로 정리하여 발표하고 1차 2차 토론하는 시간을 갖는다. 생명은 우주자연 모두와 연결돼 있으므로 끝없는 담론이 이어지고 철학적 통찰력을 키우게 된다.
- 일주일 동안을 '자아정체' 깨달음의 주간으로 하고 수업계획을 세운다.

3) 세계관 공부

- 여러 개별자(원소)들이 모여서 하나의 전체로서의 특성을 나타내는 유기체 이해하기.
- 우주자연도 우주의 삼라만상들이 유기적으로 모인 하나의 유기체임을 공부하기.
- 전체자와 개별자, 전체성과 개별성 개념 이해하기.
- 초연결 초융합에 대해 공부하기.
- 세상은 이미 온전하게 원만구족함에 대해 집중 공부한다. 부정적인 인생관을 긍정적인 인생관으로 바꾸게 한다.
- 2주일 동안을 세계관 깨닫기 주간으로 하고 수업 준비를 한다.

4) 영성 깨어있기 공부

- 몸(뇌)의식을 넘어 우주의식 영혼으로 지혜롭게 살기 위해 의식확장 명상을 한다.
- 아무것도 안 하기 얼음 땡! 명상을 통해 영성 확인하기를 자주 한다.
- 영혼의 무한한 가능성을 일깨워준다. 영혼으로 못 알아낼 일이 없다. 못 할 일이 없다.
- 24시간 깨어있는 영성 확인하기. 영성(우주의식) 안에 몸의식이 있음을 항상 의식하도록 노력한다. 주관적으로 생각하고 행동하는 나를 바라보는 객관적인 나를 항상 의식한다.

수양인 되기 공부

1) 이-인-자 생활명상

아-저-부 인생은 어리석고 자유롭지 못한 스트레스 가득한 인생이고 이-인-자 인생은 지혜롭고 자유로운 가장 바람직한 인생임을 강조하며 동기를 부여한다.

이-인-자 명상 사례를 발표하고 토론하며 이-인-자 마음공부가 생활 속에 정착되게 한다.

2) 이-인-자 일기 쓰기

이-인-자 일기 노트를 제작해서 나눠준다. 일상생활 속에서 하는 이-인-자 명상방법과 관련한 설명과 안내 그리고 마음공부에 도움이 되는 명언들을 노트에 인쇄한다. 일상생활 속의 갈등과 스트레스를 이-인-자 명상을 통해 풀어낸 내용을 일기에 정리하며 다시 자신의 마음을 공부하게 된다. 성숙한 지성인으로 살기 위한 최선의 자기성찰 공부다.

동기부여를 충분히 해서 일기를 잘 쓰도록 설득한다. 자기 마음을 정리해서 글쓰기로 표현하는 국어 공부도 되게 한다. 동무이자 인생 멘토인 교사가 공감하고 격려하는 대화 글을 일기에 써준다. 이로써 학생들이 일상생활에서 표현하는 사고방식과 인성을 구체적으로 확인할 수 있게 된다. 교사와 학생이 마음으로 만나고 신뢰와 사랑이 자라는 만남의 장이 되게 한다.

반 동무들과 일기 나누기를 한다. 20명이 함께 나누면 나만의 협소한 사고방식에서 20명의 의식만큼 사고의 범위가 확장된다.

학년말에 일기를 모아 문집을 편찬하여 나눈다. 학부모들과도 나눈다. 1년간 교사가 공을 들인 만큼 학생들의 더 성숙해진 지성과 변화된 인성이 가득 담기게 될 것이다.

3) 명상지도

시간과 상황에 따라, 용도에 따라 적절한 명상을 선택하고 응용하도록 지도한다. 각박하고 불평불만이 많은, 저항하는 일상생활을 너그럽고 평화로운 생활로 전환하기 위해 의식을 확장한다는 자세로 명상에 임하도록 지도한다.

* 이완명상: 마음이 산만할 때나 긴장상태 흥분상태일 때 고요하고 평화롭게 가라앉혀 준다. 체육활동이나 놀이시간 후, 수업시작 전에 할 수 있다.

  아무것도 안 하기 얼음 땡! 호흡명상, 몸소리 듣기 명상, 생명 보기 명상, 절명상, 요가 등.

* 집중명상: 수업 시작하기 전과 같이 집중이 필요할 때 하면 좋다.

  단전호흡, 원시인 되기, 얼음 땡! 절명상, 만트라, 요가, 화두명상 등.

* 깨어 있기 명상: 정신 차리기, 마음 바라보기, 의식이 방황하거나 표

류하지 않고 원래마음(원시인) 되기, 우주인으로 생각하기, 스트레스가 일어날 때마다 알아차리고 멈추고 이-인-자 명상하기.

하늘 보기, 멈추기, 마음 보기 등.

* 호연지기 의식 확장 명상: 협소한 몸나의식을 우주의식으로 확장한다. 우주인처럼 생각하고 걷고 행동하기. 우주인 자세란 허둥지둥 우왕좌왕 두서없이 까칠하게 하지 않고 느긋하게 너그럽게 하는 것이다. 땅만 쳐다보며 땅마음으로 생각하지 않고 하늘을 보며 하늘에 생각을 그린다. 우주의 무한한 정보를 향해 생명의식의 촉(레이더)을 생생하게 세운다.

* 우주인 태도 취하기, 우주인 표정 짓기, 느긋하게 너그럽게.

* 생활명상: 생활 속에서 스트레스가 일어나려 할 때, 이를 놓치지 않고 알아차리고 앗! 아-저-부! 하고 멈춘다. 그리고 이-인-자 한다. 저항이 일어나는 순간 마음공부를 한 것이다. 이때 마음공부 한 것을 저녁에 일기에 쓰면서 공부가 더 성숙되게 한다. 계속하면 성찰하는 힘이 점점 더 강해진다. 그 힘으로 지혜롭고 자유롭게 살기.

이-인-자 명상, 얼음 땡 명상, 우주인 태도 명상, 생명(동무) 명상.

* 치유명상: 누워서 해도 된다. 집중해서 정성껏 자신을 사랑하는 마

음으로 자신의 몸과 마음의 소리와 신호를 듣는다. 빌끝에서 머리 끝까지, 아픈 마음과 마주해서 바라본다. 왜 아픈지 원인을 헤아린다. 아픔(내면아이, 우울증, 마음의 상처 등)을 안아준다. 몸과 마음의 아픔을 무한한 우주의식 한가운데 놓고 객관적으로 바라본다.

몸소리 듣기, 마음소리 듣기, 고통과 마주하기, 미움과 마주하기, 용서하기, 화명상.

* 긍정명상: 인간은 남과 비교하며 온갖 이기적인 욕심들로 인해 불평 불만에 시달리며 살아간다. 이미 99퍼센트는 원만구족하게 갖추어져 있는데 부족한 1퍼센트만 바라보며 징징거린다. 이미 가지고 있는 99퍼센트에 감사하기 명상을 할 필요가 있다. 비관적인 자세는 불행의 길로, 낙관적인 자세는 행복의 길로 가는 길이다.

원만구족 명상, 감사명상, 용서명상,

낙원족 되기 수업

1) 행복의 인생길, 불행의 인생길

- 행복과 불행의 실체를 통찰해 본다.
- 행복의 인생길과 불행의 길을 놓고 토론하게 한다. 토론을 통해 자신만의 생각의 울타리를 넘어 사고의 폭을 더 넓힐 수 있게 된다. 아울러 현재 행복의 인생길을 가고 있는지 불행의 인생길을 가고

있는지 자신을 성찰하는 습관을 길러주고 불행을 해결할 수 있는 방법을 공부한다.

- 행복과 불행의 5대 요소를 공부한다.

2) 다 함께 행복하기

- 나홀로 행복과 다 함께 행복, 두 개의 행복관 중 어떤 행복관이 결국 나를 더 행복하게 할지 토론한다.
- 공동체를 떠나서는 살 수 없음을 공부한다.
- 좋은 공동체 만들기에 나서는 낙원족 연대에 참여한다.

진로지도, 놀이지도(동무관계 맺기)

1) 진로지도

- 무엇을 하고 싶은지 무엇을 잘할 수 있는지 묻고 또 물어서 인생의 화두가 되게 한다.
- 세상을 위해 누군가는 해야 할 어떤 일들이 있는지 찾아본다.
- 어떤 직업을 통해 세상과 관계하며 살아갈지, 구체적으로 어떻게 준비할지 계획을 세워본다.
- 좋아 보이는 일과 내가 좋아하는 일 구분하기.

2) 놀이지도

- 경쟁관계가 아닌 동무관계를 스스로 맺을 수 있게 함께 어울려 놀
  도록 격려하기.
- 교사들이 연대하여 놀이시간, 놀이공간, 놀이시설 등에 관심을 가
  지고 후원한다.
- 함께하는 놀이는 퇴폐적인 인성이 아닌 건실한 인성을 길러준다.
  주변 사람들을 동무로 의식하는 습관과 경쟁자로 의식하는 습관에
  따라 인성교육의 성패가 갈린다.

하루를 잘 사는 좋은 습관 만들기

하루하루를 잘 사는 게 인생을 잘 사는 것이 된다.

온전하게 하루 살기-- 온전한(지성인) 몸과 마음으로,

온전한(원만구족) 세상 속에서,

나와 다른 사람들과 조화롭게 어울리며 살기.

1) 몸과 마음 깨우기

잠에서 깨어나 다시 찾아온 신새벽에 새로운 하루를 새롭게 시작하기. 과거는 잠 속에 묻혀서 흘러가 버렸다. 리셋된 새 의식으로, 처음 마음으로 오늘을 다시 시작한다.

몸나의식을 우주인의식으로 전환하는 절명상 10배로 기지개 켜며

하루 시작하기.

2) 우주인 절명상

- 우주인 의식이 된다.
- 숨을 차분하고 길게 호흡을 한다.
- 호연지기 가득한 무한한 우주의 한가운데에 선다. 양팔을 쭉 벌리며 소아적 아집의 몸과 마음을 활짝 열어젖힌다. 고개를 들어 하늘을 보며 우주 한가운데 있는 점보다 더 작은 소아적 아집을 무한한 우주의 공간에 흩어 날려버린다. 우주자연에 가득한 순수한 우주의 생명의식이 된다.
- 온몸을 땅바닥까지 낮추고 두 손은 하늘을 향해 치켜올리며 겸손함을 가득 차린다.
- 우주의식 속에서 정성을 기울여 간절한 마음으로 인생 서원문을 암송하면서 한다(서원문 예문은 120쪽 참조).
- 서원문은 자신의 인생 계획을 글로 정리한 자신에게 하는 다짐이고 영혼에 고하는 약속이다.
- 우주인 자세로, 우주인 표정 지으며, 느긋하고 너그러운 마음으로 하루를 시작한다.
- 지식공부도 중요하지만 지성인 되기 공부도 중요함을 이해하게 한다.

3) 아침식사 명상

- '이 음식은 내 생명이다. 지수화풍 우주자연의 생명력이다. 이 음식이 내 생명의식을 살려주고 있다. 적당하게 먹고 온전한 생명력을 유지하자.'
- 세상에 맛없는 음식은 없다. 싫어하고 좋아하는 나의 입맛이 있을 뿐.
- 가족의 보호와 지지와 사랑에 감사하며 화기애애하게 함께 식사하기.

4) 학교에서의 선생님

- 학교는 직장이다. 직업은 나를 위하며 세상을 위하는 자리이타의 일터다. 누군가 해야 할 일을 분담하여 나의 역할을 하고 있는 것이다. 미래의 주역인 신인류들이 다 함께 행복한 낙원 건설에 참여하고 자신의 삶도 행복하게 살아갈 수 있도록 정성껏 가르치는 보람 있고 가치 있는 일이다.
- 지식은 인생의 도구이고 지성은 도구를 사용하며 살아갈 주체의식이다. 도구를 벼리고 지성을 도야하는 신성한 나의 직장에서, 빛나는 나의 인생과 더 아름다운 세상을 위해 흔쾌히 나서보자.
- 세상에서 국가에서 교사가 교육의 중심에 그리고 최전선에 우뚝 서기.
- 느긋하게 너그럽게 온전하게. 하루 학교생활을 처음처럼 다시 시

작하기.

- 참새처럼 말고 우주인처럼 표정 짓기. 우주인 자세 취하기.

- 멋진 오늘의 인생명언 한마디씩 미리 준비하기.

- 인생에서 필요하고 중요한 화두 심어주기. "나는 무엇을, 어떤 일을 할 때 좋아하나? 나의 생명과 너의 생명은 어떻게 다른가? 동무관계 잘 맺는 비결은? 나는 정말로 우주인일까?" 등등.

5) 학교에서의 학생

- 선생님과 동무들과 공부하며 놀기.

공부: 장차 사회에 나가 인정받고 능력 있는 일꾼이 되기 위해 지식과 지성 공부가 필요하다. 교육 전문가인 선생님의 가르침을 잘 따르자. 다중지능이란 IQ 말고도 다양한 지능이 있다는 사실을 뜻한다. 각자 자신의 대표적인 지능은 무엇인지 스스로 찾아보자. 자신이 하고 싶은 일, 잘할 수 있는 일을 찾아 공부하고 노력해야 성공할 수도 있고 행복하게 살 수도 있다. 공부하기 싫으면 안 해도 된다. 그러나 뭔가는 열심히 배워야 한다. 한 가지 실력은 있어야 세상에 나가 한 사람의 역할을 제대로 하면서 보람도 느끼고 행복할수도 있으니까.

놀이: 놀면서 몸과 마음이 성장한다. 함께 놀면서 동무관계도 돈독해진다. 동무관계를 잘 맺는 사람이 사회생활도 잘할 수 있다. 사회에서도 인간관계가 중요하니까. 놀아본 사람이 잘 놀 줄 안다.

동무관계도 잘 맺어본 사람이 잘 맺는다. 아무리 성공하고 유명하고 돈이 많아도 같이 놀 동무가 없고 놀 줄도 모르면 무엇으로 행복할 수 있겠는가. 쉬는 시간과 체육활동 시간에 아이들이 동무들과 어떻게 노는지 살피고 동무관계 형성과 함께하는 놀이 활동 등에 관심을 가지며 격려한다. 동무들이 나를 좋아하게 하는 최고 비결은 동무가 좋아하는 거 해주고 싫어하는 거 삼가기다.

6) 종례시간

- 〈인생의 정석〉 이해하기 공부.
- 학교생활 성찰하기.
- 오늘 하루 어땠는지 기분지수 발표하며 나누기(예: 나는 오늘 70퍼센트 정도 행복했다. 이유는…. 긍정심리 유도).
- 기분 나쁜 일, 화나는 일 발표하며 나누기. 객관적으로 정말로 기분 나쁘고 화나는 일이었을까?
- 단전호흡이나 우주인 절 명상 3배, 몸소리 듣기 등 3분 정도 간단한 마무리 명상으로 영성지능 향상과 명상습관 기르기.
- 지성인 태도 구호 외치기 "나는 우주인이다. 느긋하게 너그럽게!"

7) 하교 후에

- 가족을 사랑하고 사랑받으며 살기.
- 가족들이 원하는 거 해주고 싫어하는 거 삼가기.

- 건강한 생활습관 챙기기.
- 생활명상인 이-인-자 명상을 가족들과 함께하기.

지식공부: 얼마나 공부할지 깊이 생각해 본다. 내가 하고 싶은 일을 하며 살아갈 인생을 위해 얼마만큼의 전문지식이 필요할지 깊이 헤아려 본다.

놀이: 집에서 놀기, 사회에서 놀기, 혼자 놀기, 동무와 놀기, 자연 속에서 호연지기 기르며 놀기, 여행하기 등 인생에서 동무와 놀이의 중요함을 이해하고 인정한다.

잠들기 전에 5분 동안 몸과 마음에 집중한다. 발끝에서 머리끝까지 온몸을 헤아린다. 아픈 데는 없는지, 피곤하지는 않은지, 생명력은 넘치지도 모자라지도 않고 온전한지 진단한다. 이상 신호가 있으면 이유가 뭔지 알아본다. 몸 활동을 건실하게 했는지 퇴폐적이지는 않았는지 살핀다.

기분도 헤아린다. 우울한지, 상쾌한지, 스트레스가 있는지, 미움과 원망이 있는지, 불평불만이 있는지, 내 기분이 왜 이런지 마음보기를 한다. 오늘 하루 잘 살았는지 성찰해 본다.

몸에 집중하며 집중력이 길러진다. 자기 몸의 건강상태를 잘 알게 되고 몸을 사랑하게 된다. 몸에 나쁜 생활습관을 고칠 수 있게 된다. 몸 살피기 명상을 하면 잠이 잘 온다. 잘 자야 내일의 생명력이 또 가득 충전된다.

1년의 수업계획

1) 3월

- 지성인 되기 깨달음 공부. 자아정체관·세계관 정립.
- 인터넷 '인생학교지원센터' 홈페이지에 접속하여 3월의 수업 과제와 내용을 미리 파악하고 준비한다.
- 같은 학년 선생님들과 인생학교 공부에 대해 협의하고, 과제에 대해 중지를 모으며 준비한다.
- 동무들 알기와 이해하기. 자기 꿈과 자랑 발표하기. 두 명씩 짝을 지어 짝이 어떤 사람인지 대신 소개하기. 짝에게 자신의 정보 알려주기. 나와 다른 가정과 환경에서 자란 동무들이 나와 생각과 성격이 다름을 잘 이해한다. 다름을 이해하고 인정할 수 있도록 수차 반복해서 상기시킨다.
- 인생학교와 인생 공부를 개괄적으로 안내한다. 인생 공부 관련 마음의 준비 다지기.
- 행복지수 검사하기. 불행한 정서가 나타나는 원인을 파악하고 행복과 불행에 대한 인식을 개선할 필요가 있다. 행불행에 대한 오해 때문에 스스로 불행하다고 우울해할 수도 있다.
- 지성인 되기 깨달음 공부. 자아정체관과 세계관 2개 꼭지 진도 나가기. '깨달음' 인증을 하며 격려한다.
- 인생일기 쓰기 요령을 안내하고 일기 쓰기 시작. 선생님이 일기 말미에 댓글을 첨부한다. 일주일에 한 번 이상 일기 나누기를 한다.

- 수양인 되기. 교사의 재량에 따라 필요한 명상을 선택하여 방법과 의의를 안내하고 명상 시간을 갖는다. 생활 속에서 늘 이-인-자 명상을 하게 하고 일기에 그 내용을 쓰게 한다. 특히 3월에는 이-인-자 생활명상을 집중적으로 안내한다.

2) 4월
- '인생관 정립'과 '행복한 삶'을 공부한다.
- 각자 자신의 인생계획을 세우고 발표하게 함으로써 나와 다른 동무들의 다양한 인생관에 자극을 받게 한다. 나 홀로 행복 말고 다 함께 행복한 공동체적 인생관으로 유인한다. 아울러 인생을 어떻게 살지 인생 서원문을 쓰게 하고 동무들과 나누기 한다.
- 학생들을 관찰하며 특기 적성을 파악한다. 좋아하는 일이 무언지 자주 묻고, 스스로 내면의 질문이 되게 한다. 일기를 잘 쓰도록 동기를 부여하고 설득한다.
- 호연지기 의식 확장 명상, 우주인 되기 명상, 집중명상, 생명명상, 자아정체관·세계관 명상 등을 적절한 시간에 한다. 특히 아-저-부 말고 이-인-자 하기 생활 명상을 집중 지도한다.

3) 5월
- 닦음(수양)에 대해 공부한다. 왜 닦아야 하는지, 어떻게 닦는지, 닦음의 역사 등을 공부한다.

- 인간의 이율배반적인 본성 때문에 평생 성찰하며 살아야 함을 이해하게 한다.
- 자기 성찰을 하며 사는 사람과 아무렇게나 사는 사람의 차이를 공부한다.
- 인생일기는 자신의 지성을 확인할 수 있는 수양의 실제 효과가 나타나는 공부이니 진지하게 잘 쓰도록 동기부여를 한다.
- 진로 탐색, 이-인-자 공부의 수행 정도를 파악하고 모자란 부분은 보완하며 심화시켜 나간다. 동무관계 맺기와 놀이지도에도 관심을 가지고 지켜보며 유인한다.

4) 6월

- 낙원족 되기 공부를 한다.
- 인생의 목적에 대한 토론과 21세기 신인류 문화와 문명의 좌표를 공부한다. 아울러 행복한 신인류의 인생계획을 세우고 나누기 한다.
- 다 함께 행복주의와 나 홀로 행복주의 인생이 어떻게 펼쳐질지 동무들과 함께 가상세계에 그려본다.
- 일빙과 웰빙에 대해 공부한다.
- 지성인 되기 예비 인증을 해본다. 인생 공부가 얼마나 성숙해가고 있는지 점검한다.
- 수양인 되기 예비 인증을 해본다. 평생 자기 성찰하며 살겠다는 결심이 필요하다. 이-인-자 마음일기를 잘 쓰고 있는지 등 부족한 부

분을 점검하고 학년 말까지 보완해 가도록 한다.

- 행복지수를 체크하고 학년 초와 비교해본다. 같은 학년 선생님들과 공동으로 준비하고 진행한다.
- 가끔 미운 사람 떠올리기와 화났을 때 떠올리기 명상을 한다. 일주일 동안 가장 미운 사람과 가장 화났을 때를 한 가지씩 적은 후, 왜 미워졌는지 왜 화가 일어났는지 성찰하며 고정관념과 선입견 등을 성찰하게 한다. 이를 발표하고 나누기를 함께하면 마음이 더 넓어진다.

5) 7월~10월

- 같은 학년 교사들과 진로지도, 놀이지도, 생활지도 동무관계 맺기의 전반기 활동을 평가하고 후반기에 보완할 점을 협의한다.
- 방학 중에 전체 학교 또는 학년 단위로 1박 2일이나 2박 3일의 지성인 되기 명상(철학) 캠프를 진행한다.
- 방학 중에 '인생학교지원센터'에서 주관하는 담임교사 연수를 하고, 다른 학교 교사들과 모여서 현장경험을 공유한다.
- 전반기 공부를 복습하며 인생 멘토로서 학생들의 성향을 좀 더 깊이 있게 살피고 학부모와도 소통한다.
- 행복한 인생의 길 위에서 살고 있는지 늘 성찰하게 한다. 방학 동안 학교 밖에서 동무들과 여행하기 등을 과제로 부여하는 등 동무관계 맺기를 격려한다.

- 틈틈이 명상 방법들을 공부하고 실행해 보게 한다. 명상의 목적과 효능에 대해 공부한다.
- 하고 싶은 일 찾기, 행복한 인생 계획하기, 보람 있는 일 찾기, 계획 세우기를 진행한다. 함께 행복한 낙원족 연대에서 자신의 역할을 찾아보게 한다.
- 동무들과 함께하는 가상의 협동조합을 만들고 모의 사업계획을 세워보게 한다. 협동조합과 자본주의의 차이에 대해 공부해본다.
- 바람직한 인생 모델을 한 사람씩 선정해서 발표하도록 하고 그 이유를 공유한다.
- 유튜브에서 가이드 명상을 찾아 시청하며 다양한 명상을 체험해보게 한다. 집중명상, 의식확장 명상, 보디스캔, 마음챙김 명상, 요가 명상, 이완명상 중에서 아이들 반응을 보며 선별한다.
- 전반기에 공부한 지성인 되기, 수양인 되기 공부를 복습한다.

6) 11월~12월, 1월~2월

- 필요에 따라 '인생학교지원센터'에서 연수를 한다. 인생학교지원 센터는 온라인을 통해 언제든 소통이 가능하다.
- 지성인 인증을 준비하게 한다. 미리 평가해놓고 12월에 인증 행사를 갖는다. 모든 학생이 낙제하지 않고 인증받는 것을 목표로 한다. 단, 너무 부진한 학생은 2월까지 기회를 더 주기로 한다.
- 행복지수를 측정하고 학년 초와 비교하며 평가한다.

- 1년 동안 달라지고 성숙해진 자신의 인생관과 행복관에 대해 학년 전체가 모여 발표하는 행사를 가진다. 바람직한 사례들을 동무들과 함께 공유하며 공명共鳴하게 한다.
- 1년 동안의 인생일기를 반 문집으로 편찬한다. 학부모들의 평가나 느낌도 싣는다. 다른 교사나 학생들의 보조 교재로 판매한다. 인세는 공동 저자인 학생들과도 공유한다.
- 교장 주관으로 전교 학생과 학부모까지 참여하는 '인생학교의 날' 행사를 열고 관련 사례와 작품을 전시하며 인생학교의 분위기를 내외에 고조시키는 계기로 삼는다. 인생학교의 1년을 마무리하고 평가하는 시간을 갖는다.
- 몇 년 동안 인생학교 교사의 교육적 성과와 사례를 결집하여 '인생학교'를 지구촌에 보급하는 출판사업, 강연, 동영상 제작 및 유포. 프로그램 연수 등 교사 주관의 1인 또는 협동조합 형태의 교육사업을 할 수도 있을 것이다.

맺는말

동아시아의 통찰적 자연주의와 서양의 과학적 자연주의 그리고 인도의 명상이 만나다

지구촌 인류의 정신사상은 크게 세 개의 줄기로 나누어 볼 수 있다. 인더스강을 중심으로 하는 불교와 힌두이즘, 황하 문명을 중심으로 하는 동아시아의 통찰적 자연주의 사상, 이집트 문명과 메소포타미아 문명을 중심으로 하는 아브라함 계열 종교사상이다.

인도와 동아시아는 고대부터 현대에 이르기까지 일관된 세계관을 가지고 있다. 인도권은 신을 포함하는 총체적인 범아일여의 세계관이고, 동아시아는 자연을 절대자로 보는 통찰적 자연주의다. 서양은 고대 그리스·로마 철학과 중세의 신본주의, 근현대의 인본주의에 의한 과학적 자연주의라는 세 개의 분절기가 있다.

서양인들은 유대민족의 신화에서 유래되는 창조신을 신앙하면서 1,000년 동안이나 인간으로서의 주체성을 억압당하다가 르네상스(인본주의)라는 형태로 한꺼번에 분출되었다. 그리고 신에게 사망선고를 내리며 인간 중심의 과학적 자연주의 정신으로 산업화와 경제적인 세계화를 선도하였다.

우주자연의 정보를 성인들도 나와 똑같은 생명의식으로 보고 들으며 성장하고
깨달음을 얻었다. 성인의 말이니까 진리가 아니고 동서고금을 통해 변하지 않는
자연과 인생의 보편적인 사실을 말하므로 성인이라고 부른다.

반면에 인도와 동아시아에는 암흑기도 르네상스도 없었다. 그리하여 큰 변화가 없었고, 서양의 혁신적인 문명 변화를 추종하면서 통찰적 자연주의는 잠재의식 속으로 숨어버렸다. 하지만 21세기의 문명이 통찰적 자연주의를 소환하고 있다. 이제 과학적 자연주의와 통찰적 자연주의가 만나며 정신적인 세계화의 길로 가게 될 것이다.

21세기의 신인류는 정신적인 세계화의
대전환기에 진입하고 있다

이제 2,000년, 2,500년 동안 인류의 정신문화 속에 장엄하게 군림했던 제도적 종교들이 권위를 잃고 있다. 동서고금 모든 인류에게 보편적이고 이상적인 정신세계인 영성에 새롭게 눈뜨고 있다. 명상을 하고 영성을 차리며 온갖 스트레스로 아파하는 소아적인 마음의 한계를 극복하려고 노력한다. 이제 일상생활 속에서도 영성지능의 발휘가 중요함을 잘 알게 되는 시절이 되었다.

인류가 공감하고 공유할 수 있는 영성이라는 공용어를 통해 동서양이 만나고 있다. 민족과 종교와 사상이 다르다고 서로 미워하며 전쟁도 불사했던 역사를 돌이켜 보면 정신적인 세계화는 인류역사의 대단한 전환이 아닐 수 없다.

동아시아의 현자들은 "물질이 개벽됐으니 이제 정신을 개벽하자"라고 외치고 있다.

종교와 과학과 철학과 명상이
21세기에 생명철학을 통해 만나고 있다

힌두이즘의 '참나'와 불교의 '마음'과 달리 '생명'은 생명의식(정신)과 생명체(육체)인 형이상과 형이하가 융합되어 있는 현상이다. 생명현상은 우주자연 전체가 총체적으로 연결되고 융합되어 있다. 과학적으로 관찰하고 철학적으로 통찰도 할 수 있다. 종교적으로 신앙할 수도 있다.

생명과 생명의식 영혼은 철학적으로, 과학적으로, 명상으로 접근해도 논리적으로 분열되지 않고 일치되는 이해에 이를 수 있다. 과학과 철학과 종교가 연결되고 통합되고 있다.

자신의 영혼을 스스로 깨닫고 닦고 구원하기 위해 필요한 것은 이제 제도적인 종교가 아니다. 거대한 교회나 사찰도 필요하지 않다. 명상은 학교 혹은 인터넷을 통해 지식을 공부하듯이 누구나, 어디서든 공부할 수 있다. 신인류는 명상을 통해 나 홀로 행복의 자본주의를 넘어 다 함께 행복한 영성공동체를 지향하며 나갈 것이다. 나 홀로 행복주의는 결국 나의 행복도 지켜주지 못하게 되므로.

이 책이 지구촌 인생들에게 인생 안내서가 되고 '정석'이 되기를, 그리고 철학과 명상의 기본 원리로 세워질 수 있게 되기를 기대한다.

지구촌의 청소년들이 다 함께 생명철학과 생명명상을 공부하며 동무로 하나 되어 사이좋게 살아가기를 희망하며 글을 마무리한다.

생명은 영원한 현재에 살아있음이다. 지옥에서나 천국에서나 미래에 있을 현재에서도 생명은 보편적인 그 속성을 여전히 발휘할 것이다.